图书馆用户服务

黄　洁　葛艳聪　白云峰　编著

國家圖書館出版社

图书在版编目（CIP）数据

图书馆用户服务/黄洁,葛艳聪,白云峰编著. --北京：
国家图书馆出版社,2014.8
ISBN 978 – 7 – 5013 – 5450 – 4

Ⅰ.①图… Ⅱ.①黄… ②葛… ③白…
Ⅲ.①图书馆工作—读者服务 Ⅳ.①G252

中国版本图书馆 CIP 数据核字（2014）第 183654 号

书 名	图书馆用户服务
著 者	黄 洁 葛艳聪 白云峰 编著
责任编辑	金丽萍 高 爽 王炳乾

出 版	国家图书馆出版社（100034 北京市西城区文津街 7 号）
	（原书目文献出版社 北京图书馆出版社）
发 行	010 – 66114536 66126153 66151313 66175620
	66121706（传真）,66126156（门市部）
E-mail	btsfxb@ nlc. gov. cn（邮购）
Website	www.nlcpress.com ──→投稿中心
经 销	新华书店
印 装	北京科信印刷有限公司
版 次	2014 年 8 月第 1 版 2014 年 8 月第 1 次印刷

开 本	880 × 1230（毫米） 1/32
印 张	5.75
字 数	160 千字

书 号	ISBN 978 – 7 – 5013 – 5450 – 4
定 价	38.00 元

目　　录

1 图书馆用户服务概述

1.1 图书馆用户的概念及分类

1.1.1 图书馆用户的概念

图书馆用户是一个不断发展变化的历史性概念,它的演变伴随着社会的发展进步,伴随着图书馆服务理念的不断演进,在不同时期有着不同的称谓。从图书馆读者到图书馆用户,体现图书馆职能的不断变化、服务范围的日益扩大,以及服务方式、服务手段的日趋多样化。因此,从广义上讲,凡是利用图书馆的资源、服务,以及环境的个人或团体,都可以称为图书馆用户。

1.1.2 图书馆用户的分类及特征

根据不同的用户群体,科学制定、调整图书馆的服务政策、服务流程,可以提升图书馆服务工作的质量。图书馆应在用户调研和分析的基础上细致划分用户群体,根据用户的不同属性、行为动机、环境等主观或客观、内在或外在等多种因素,对用户群体的性质、特征、需求等进行系统分类和分析研究。用户分类的方法不是唯一的,通常要根据用户分析研究的需求展开,分析需求不同,分类方式也不同。最常见的分类方式有:按到馆频次可分为长期用户、中期用户、临时用户和潜在用户,按使用目的可分为研究型用户、学习型用户和休闲型用户,按用户年龄可分为成人用户、老年用户和未成年人用户,按用户群体属性可分为个人用户和集体用户,按使用方式可分为到馆用户和网络用户,等等。

（1）按到馆频次划分

①长期用户是指长期利用图书馆信息资源的用户。这类用户对图书馆信息资源的需求比较稳定、连续，对图书馆的利用频次较高。他们对图书馆的馆藏和服务具有比较深的了解，有较高的信息素养，是图书馆的忠实用户。因此如何保持这类用户对图书馆的忠诚度是服务中需要特别重视的问题。这类用户的自主性较强，对于图书馆的需求较为强烈，对图书馆馆藏格局和服务的调整变化较为敏感，要想维持这类用户的忠诚度，在满足他们对信息资源需求的同时，还要重视与他们的沟通，及时处理与反馈他们对于图书馆的意见及建议，并做好图书馆服务及布局变化等调整信息的告知和公示。

②中期用户是指在一段时期内比较频繁利用图书馆信息资源的用户。这类用户对图书馆的文献资源有一定的了解，通常是因为某些特定需求，或阶段性需求，在一段时期内较频繁的利用图书馆。他们的需求较集中，目的性强，一定期间内对某些特定类型的文献需求量较大，但一旦解决了问题，或受距离遥远等外在因素影响，他们将转而通过其他渠道查找信息资源，放弃对该图书馆的利用。中期用户如果对图书馆的文献资源及服务认可度较高，则很有可能成为图书馆忠实的长期用户。

③临时用户是指因暂时性文献信息需求或参观游览等原因而临时利用图书馆的用户。这类用户对图书馆的馆藏及馆舍布局缺少了解或根本不了解，通常也无法准确表达自己的信息需求，对文献选择表现出盲目性和不确定性。相对于前两类读者而言，这类用户更需要图书馆员的指导与协助。随着图书馆社会知名度的提升，社会影响力的扩大，临时用户数量将逐渐增多。

④潜在用户是指从未利用过图书馆的信息资源或服务，但通过图书馆的宣传、推广与引导，未来有可能成为图书馆用户的社会公众。这类人群对图书馆不了解或不认为自己可以从图书馆获得自己需要的信息资源，通常更倾向于通过如网络等其他途径获取所需信息。潜

在用户是图书馆需要尽量争取的人群,也是图书馆事业发展壮大的生命力所在,只有最大限度地挖掘潜在用户,才能保证其馆藏与服务的可持续发展。

通过图书馆服务的优化与推广,数字图书馆的不断发展,潜在用户有可能成为临时用户,而临时用户在享受到图书馆服务的准确与便捷后则有可能发展为中期用户,甚至长期用户。图书馆用户群体的发展和稳定与文献资源建设及服务优化密不可分。

（2）按使用目的划分

①研究型用户是指以解决科学研究、技术探索等活动中的问题为目的,从而利用图书馆的信息资源及服务的用户。这类用户通常以长期和中期用户居多,他们有着明确的信息需求,对某一特定专业领域的信息资源十分熟悉,对信息资源的系统性、时效性、准确性要求较高,对图书馆员的专业素质也要求较高。满足这类用户的需求与某些特定类型文献资源的建设和完善互相促进,相辅相成。这类用户往往能对图书馆资源及服务的发展提供有价值的、建设性的意见或建议。

②学习型用户是指以系统学习某一专业领域知识为目的而利用图书馆信息资源及服务的用户。这类用户通常以在校学生或职业进修人群为主,他们的信息行为具有较强的规律性和自主性,通常在利用图书馆信息资源的同时也乐于享受图书馆的阅览环境,作为个人学习的场所。

③休闲型用户是指通常没有特定的信息需求,图书馆行为具有随意性,以丰富个人文化生活或休闲放松为目的而利用图书馆资源及服务的用户。这类用户对休闲类图书（如小说、旅游等）或视听音像资料的兴趣度较高,注重图书馆环境的舒适度,对图书馆的讲座、培训和展览等读者活动的关注度较高。

（3）按用户年龄划分

①成人用户是图书馆用户的主要构成群体,与其他两类用户相比,他们通常具有较好的自主能力,理解能力、学习能力较强,对自身的需求有较明确的认知。这类用户多以研究型和学习型读者为主。

②老年用户。"老年"在不同国家或地区有着不同的年龄界定,有些国家将 65 岁以上界定为老年,我国则在《老年人权益保障法》中将 60 周岁以上界定为老年。这类用户由于生理机能的衰退,相比于中青年等成人用户,在体力、视力、行动能力,以及对新鲜事物的接受度上都有所降低,并随着年龄的增长,衰退情况越发明显。这类特殊的用户群体在信息需求上不具备太多特殊性,但图书馆在提供服务时应该考虑到他们的生理特性,进行适当的照顾,提供包括灯光、环境、辅助工具等便利设施。老年用户多为休闲型用户。

③未成年人用户。这类用户在行为习惯、阅读需求等方面具有较强的独特性,未成年人用户根据年龄及生理、心理、行为等特点还可细分为婴幼儿用户、儿童用户、少年用户和青年用户。未成年人是一个国家的未来和希望,有越来越多的人认为未成年人用户是图书馆的储备力量。近年来人们越来越重视未成年人的教育问题,图书馆作为发挥社会教育职能的重要社会机构,对于加强未成年人的培养与教育有着不容推卸的责任,特别是在引导未成年人群体养成阅读习惯和良好学习习惯上应起到积极的推动作用。

(4)按用户群体属性划分

①个人用户是指以自然人为单位利用图书馆信息资源及服务的用户。个人用户是图书馆的主要服务对象,他们几乎会使用到图书馆所有类型的资源及服务,并根据个人需求的不同散布于图书馆各个服务区域,能够比较全面反映图书馆用户对图书馆资源、服务及设施的利用情况。

②集体用户是指以某一机构或团体为单位利用图书馆信息资源及服务的用户。同一集体用户通常有较为相似的信息需求,多与图书馆保持长期稳定的合作关系,定期或不定期的针对某类文献向图书馆提出较为集中、大量的需求申请。对于图书馆来说,为集体用户提供服务通常有专人或专设部门负责,并有专门的信息服务政策以及提供专门的信息咨询服务。

（5）按使用方式划分

这种分类方式是伴随数字图书馆的兴起而出现的,随着图书馆信息技术和网络服务的发展,图书馆网络用户数量迅速增加,逐渐成为强大的、图书馆用户中不容忽视的群体。

①到馆用户是图书馆传统的服务对象,是指在图书馆馆舍内,利用图书馆资源及服务的用户。这类用户更倾向于利用传统纸质文献资源,对馆舍硬件设施要求相对较高,并有可能参与馆内的各类读者活动。

②网络用户(虚拟用户)是指很少或从未到图书馆来,通过互联网、手机、电视等网络途径,利用图书馆数字资源及虚拟服务的用户。这类用户较少关心馆舍分布及设施的建设,而对于图书馆数字资源的全面、丰富,网络传输的稳定、高效,以及虚拟服务的便利、可获取性等更为关注。作为新兴的用户类型,这也是未来图书馆用户扩展的一个重要增长点,值得图书馆员深入跟踪分析。

另外,根据统计分析的具体细化需要,还可以按职业特征分类,如工人、农民、军人、教师、学生、干部、科研人员、离退休人员等。他们在阅读需求和阅读兴趣方面具有非常明显的职业特点,并有连续持久的阅读趋势。对于特殊人群,包括弱势群体、老年人、未成年人的服务也逐渐受到社会的广泛重视,这部分群体有着明显的生理、心理、文化属性等特殊性,需要图书馆在文献配备、服务细节、服务设施等多方面给予特殊的关注。

1.2　图书馆用户服务的概念及分类

1.2.1　图书馆用户服务的概念

图书馆对其用户提供的各项服务即为图书馆用户服务。它与图书馆用户的概念一样,也经历了内容、原则、目标等多方面的变化。2009 年的《中国大百科全书》第二版对"图书馆服务"的解释是:图书馆利用馆藏和设施直接向读者提供文献和情报的一系列活动,有时也称图书馆读者工作。现代图书馆不仅为用户提供阅览、外借、文献复制等最基本的文献流通服务,向用户提供印刷型书刊资料,而且还提供科技信息查新查证、竞争情报、舆情监测等参考咨询服务,随着数字技术的发展,视听服务作为新型的服务方式也被很多大中型图书馆所采用。并且为满足不同类型读者的需求,图书馆通常还要开展用户研究和用户教育等活动,分析和掌握读者利用图书馆的特点和规律,提高读者利用图书馆的知识水平和能力,提高图书馆馆藏利用率和服务效果。[①] 另外由于图书馆以读者第一为服务原则,一切从方便读者出发,因此还要对不同类型的读者提供有区别的个性化服务,为远距离的读者提供远程服务和移动服务等。

1.2.2　图书馆用户服务的分类

图书馆用户服务有多种分类方法,通常有以下几种分类方式:

①根据提供内容不同可以分为文献流通服务、参考咨询服务、视听服务、用户教育服务以及延伸服务等(本书即以此分类方法进行阐述)。

②按用户服务的用户群体多少可以分为个别服务和集体服务。个人借阅、个别阅读指导、个人咨询等属于个别服务;集体外借、集体培训、集体参观、讲座服务等就属于集体服务。

③按文献提供的方式可以分为闭架服务、开架服务以及半闭架服务。

④按文献载体不同可以分为图书资料服务、期刊服务、报纸服务、缩微文献服务、音像电子资源服务。

⑤按提供服务取得的经济效益分为有偿服务和无偿服务,等等。

---

① 中国大百科全书本卷编辑委员会. 中国大百科全书·图书馆情报学档案学
[M].北京:中国大百科全书出版社,2009

2 公共图书馆用户服务的原则和标准

2.1 《公共图书馆宣言》——国际图书馆界根本大法

《公共图书馆宣言》在某种程度上带有图书馆界根本大法的性质，它的颁布确立了国际公共图书馆服务的根本理念，对我国的公共图书馆也同样适用并起一定的引领作用。

《公共图书馆宣言》自颁布起至今经历了三个版本。宣言第一版于1949年发表，由联合国教科文组织（UNESCO）与国际图联（IFLA）联合发布。1972年、1994年，宣言分别进行两次修订。

1994年版的《公共图书馆宣言》开篇指出"公共图书馆是传播教育、文化和信息的一支有生力量"，是丰富人民群众精神生活的基本资源。宣言中对公共图书馆的含义、服务原则、服务对象、服务内容，公共图书馆的含义，使命，拨款，立法，运作与管理等方面都做出了解释与建议，其中反复强调公共图书馆的服务精神——公平、公开、共享。

在服务对象上，宣言强调服务的平等原则，认为"每一个人都有平等享受公共图书馆服务的权利，不受年龄、种族、性别、宗教信仰、国籍、语言或社会地位的限制"。

同时，宣言强调馆藏和服务的全面与高质量，提出馆藏资料必须反映当前趋势和社会发展过程；强调图书馆的独立性，不应受到任何意识形态、政治或宗教审查制度的影响，也不应屈服于商业压力。

对于公共图书馆的使命，宣言认为"服务的核心应该与信息、扫盲、教育和文化密切相关"，并将主要任务归纳为12点，内容涉及对未成年人的服务，对文化、艺术的促进与传承，对企业、团体提供信息服务等。具体任务包括：养成并强化儿童早期的阅读习惯；支持个人和自学教育以及各级正规教育；提供个人创造力发展的机会；激发儿童和青年的想象力和创造力；加强文化遗产意识，提高艺术鉴赏力，促进科学成就和科技创新；提供接触各种表演艺术文化展示的机会；促进不同文化之间的对话，支持文化多样性的发挥；支持口述传统文化的保存和传播；保证市民获取各种社区信息；为地方企业、社团群体提供充足的信息服务；促进信息技术的发展和计算机应用能力的提高；支持并参与各年龄群体的扫盲活动和计划，在必要时组织发起这样的活动。

宣言对于公共图书馆的拨款、立法等内容也做出解释，指出建立公共图书馆是国家和地方政府的责任，必须专门立法维持公共图书馆，并由国家和地方政府财政拨款以保障图书馆的服务。

对于公共图书馆的运作与管理，宣言认为必须制定清晰的政策，保持图书馆的有效组织及运作的专业水准，并对图书馆服务环境、资源、教育培训等提出看法与建议。

1994年宣言修订后，国际公共图书馆的服务宗旨正式迈入了一个新的时代。

2.2 《图书馆服务宣言》——我国图书馆界服务理念的集中体现

中国图书馆学会颁布的《图书馆服务宣言》（以下简称《宣言》）是为了适应我国文化事业大发展大繁荣对图书馆事业的新要求，依据国际图书馆界通行的服务理念而制定的一部宣言。《宣言》的发布，正式确立图书馆服务在我国图书馆领域的重要地位，它第一次使用了与国际现代图书馆学及图书馆核心价值观接轨的语言。作为《宣言》起草者之一的范并思先生认为，它的发布标志着中国图书馆人重建现代图书馆理念的工作初步完成。他说，起草《宣言》最为困难的理论工作不在起草本身，而在中国图书馆人艰难重建现代图书馆理念的漫长过程中。

现代图书馆理念被中国图书馆人认同，经历了近百年的曲折过程。自1902年藏书楼首次对外开放起，中国从藏书楼时代向现代图书馆转变的大幕正式拉开。随后，全国各地逐渐掀起图书馆建设的高潮。辛亥革命后，我国图书馆服务理念与服务方式迎来一次变革，但这些转变并未成为图书馆事业的主流，制约了图书馆服务的发展。改革开放后，中国图书馆学家的研究视野大大得到扩展，20世纪90年代，中国图书馆界迎来了自己的"黄金时期"，业界对图书馆服务理念的研究逐渐全面深入。

随着我国政治、经济、文化的全面快速发展，图书馆作为社会公共文化服务机构，某些传统服务方式和制度开始受到一些读者和媒体的质疑和批评，这引起图书馆人的深刻反思。信息开放与获取的便利带给我们更为深入的思考，人们开始比较国际与我国图书馆理念的差异，特别是全面开放、自由获取、平等服务、人文关怀等问题，始终备受读者及业界关注，成为讨论的重点与焦点。

2006年12月中国图书馆学会启动《图书馆服务宣言》的制定。2007年8月，中国图书馆学会公布由范并思先生与倪晓健先生负责起草的《宣言》。2008年3月21日，中国图书馆学会七届四次理事会原则通过《宣言》。2008年4月，《宣言》定稿。2008年10月，中国图书馆学会年会在重庆召开，《宣言》在会上正式发布。

《宣言》开篇语中写道："现代图书馆秉承对全社会开放的理念，承担实现和保障公民基本文化权利、缩小社会信息鸿沟的使命。"这句话概括了现代图书馆"传播知识、传承文明"的主要职能。《宣言》第一至第三条阐述"对全社会开放""维护读者权利""平等服务""人文关怀"等服务原则。这些均属于《宣言》对于现代图书馆理念核心内容的表述。在上述核心内容的外围，还有一些属于图书馆这个职业的先进理念,如服务的专业性、图书馆资源共享、推进社会阅读、与社会各界合作发展图书馆事业等。《宣言》第四至第七条分别就这些内容表达了中国图书馆界的立场。

上海图书馆吴建中馆长认为宣言的意义主要在于三个方面:倡导执著的职业精神;弘扬自觉的服务意识;追求卓越的核心能力,致力于塑造图书馆员新的社会形象。①

①倡导执著的职业精神,把图书馆工作者的从业忠诚度提高到理性的高度。过去图书馆员职业的忠诚度主要是通过默默无闻为社会奉献来体现的,今天图书馆员更加清醒地认识自己的职业使命:实现和保障公民文化权利、缩小社会信息鸿沟。图书馆员不仅要继续发扬埋头苦干的精神,而且要把保障公民获取信息的权利放在首要的位置,站在用户和读者的立场上,自觉维护他们应有的获取信息的权利。

②弘扬自觉的服务意识,把专业服务与社会奉献紧密地结合起来。服务的自觉性在很大程度上取决于对职业本身的深刻认识。图书馆工作者要遵循"以人为本"的服务宗旨,把满足用户的信息需求放在第一位。只有认清自己的工作职责,才能更加自觉地担负起为广大用户和读者服务的责任。

③追求卓越的核心能力,致力于塑造图书馆员新的社会形象。图书馆员的核心能力随着职业的变化而变化。新时期的图书馆员不仅仅满足于"借借还还"的普通借阅服务,而是把满足用户的信息和知识需求作为自己新的职业追求,努力寻求自身资源整合能力和咨询研究能力的发展,树立新的职业形象,开拓更加宽广的事业领域和更加专深的业务能力。

---

①　吴健中,胡越,黄宗忠.《图书馆服务宣言》专家笔谈[J]. 中国图书馆学报,
　　2008(6)

2.3 我国公共图书馆用户服务的原则

我国公共图书馆用户服务的原则的发展与变革也经历了一个漫长的过程。早期的公共图书馆服务是分层次的服务,并非对全民普遍、平等开放,有些图书馆还将用户按学历、职业等因素进行分类,设置用户享受图书馆服务的门槛,使图书馆成为少数人的权利,直到 20 世纪 80 年代末 90 年代初,仍有许多图书馆人认为公共图书馆应提供"区别服务"。这一时期,用户在获取服务时通常还需支付一定的费用,使得更多的潜在用户选择远离图书馆,因此制约公共图书馆的发展。随着国际上图书馆服务理念的发展与进步,我国图书馆服务理念也逐渐发生转变,尝试着打破图书馆的藩篱,突破限制图书馆服务发展的思想束缚,探讨全新的图书馆服务原则。

近十年来,随着图书馆服务原则探讨的逐渐深入,许多图书馆人都根据国际理念的发展与我国公共图书馆服务的实际情况,提出一系列的图书馆服务原则。2003 年,黑龙江大学蒋永福、付军提出图书馆服务应遵循开放、方便、平等、创新、满意五大原则。同年,中国图书馆学会颁布《中国图书馆员职业道德准则(试行)》,于良芝等人认为《中国图书馆员职业道德准则(试行)》是"以行业自律规范的形式,向图书馆从业人员传达了包括平等原则在内的职业理念和行为准则"[①]。2006 年,国家图书馆陈力认为公共图书馆应体现公平、公益性、无差别、适度、资源与服务共享、不断发展的基本发展原则。2006 年黄俊贵提出,公共图书馆服务原则可归纳为"开放原则、公益原则、公平原则、共享原则";2008 年发布的《图书馆服务宣言》中也提出对社会普遍开

---

① 于良芝,许晓霞,张广钦. 公共图书馆基本原理[M]. 北京:北京师范大学出版社,2012

放、平等服务、以人为本是图书馆服务的基本原则。范并思认为《图书馆服务宣言》代表中国图书馆界"向社会公众宣示了中国图书馆人对于现代图书馆理念的基本认同,表达了图书馆对全社会普遍开放、维护读者权利、平等服务、对弱势人群人文关怀和消弭数字鸿沟的理念"①。

虽然图书馆学著作中对于图书馆公共服务的原则各家说法不一,但实质内容基本相通,归结起来始终围绕着"以人为本"的核心理念,围绕着"公益""平等"等基本原则展开。其中公益原则是基础,普遍均等是目标。

2.3.1 以用户为中心

以用户为中心的服务理念要求图书馆时刻站在用户的立场上为用户着想,满足用户需求。这也是现代图书馆公共服务的核心理念,是图书馆服务立馆的基本性原则。

以用户为中心的理念来源于 20 世纪 50 年代以来的"读者第一"的原则。这一原则被图书馆界普遍认可也经历了一个发展变化的过程。20 世纪 80 年代,业界还曾有过"读者第一",还是"馆员第一"的争论。然而事实证明,只有尊重用户,满足用户的需求,图书馆才能被用户认可,获得长期稳定的发展。国家图书馆全年开馆、节假日不休息、调整晚间闭馆时间等服务政策的调整,都是以用户为中心开展服务的典型事例。

以用户为中心除了体现在服务政策的调整上,还体现在图书馆对读者意见的重视,对阅览环境的改造,对读者尤其是对特殊用户群体的人文关怀等。以人为本的一个重要观念就是不操纵人、控制人,而是培养人和发挥人的作用。② 可以说,以用户为中心源于对用户的尊

---

① 范并思. 现代图书馆理念的艰难重建——写在《图书馆服务宣言》发布之际 [J]. 中国图书馆学报,2008(6)
② 邵康庆. 21 世纪公共图书馆以人为本的管理[J]. 重庆图情研究,2004(4)

重与倾听。图书馆只有摆正服务心态,将以用户为中心作为服务的根本,才能真正意义上发挥图书馆的社会职能,保持图书馆服务的可持续发展。同时,在网络和信息化的环境下,随着图书馆用户对图书馆认识的不断具体和深入,他们要求图书馆提供更加多样化、个性化的信息,以满足其信息需求。为适应这种变化,图书馆逐渐由传统的单一型服务向现代的个性化服务方向发展,开展诸如查证查新、企业服务、综合咨询、自助服务等体现个性化的服务,以更好地满足读者高层次、高质量的服务需求①。还有很多的图书馆建立总分馆制,通过开展流动书车和流动图书馆的方式,方便公众迅速快捷获取所需的服务。

2.3.2 公益

所谓公益服务,是指"以满足社会和公众的有益需要为目的、不以满足自我需要或盈利为诉求的一种价值取向和行为"②。公益性体现在公共图书馆是公益性组织,是由国家和政府设立的公共文化机构,它的经费受到政府的资金支持和保障,因此其向社会公众提供的基础服务原则上应该免费。这是图书馆服务原则的又一重大转变,这一原则已经成为世界图书馆界的共识。《公共图书馆宣言》中明确指出"公共图书馆原则上应该免费提供服务"。

20世纪80年代以来,我国图书馆界曾有关于免费服务与收费服务的争论。现实环境的严苛是图书馆人不得不面对的问题。长期以来,由于"文化管理政策的缺失、理论研究的误导"③,同时由于公共图书馆特殊的社会属性,图书馆的运作以及图书馆员的收入主要依靠各地方政府的支持,面对越来越高昂的资源建设费用与越来越突出的馆

---

① 于良芝,许晓霞,张广钦.公共图书馆基本原理[M].北京:北京师范大学出版社,2012
② 程亚男.公共图书馆建设与服务的基本原则解读[J].图书馆理论与实践,2011(5)
③ 黄俊贵.公共图书馆的服务原则及其实践[J].中国图书馆学报,2006(6)

员生存压力,一些公共图书馆难以负担现实的压力。于是,有图书馆提出"以文补文",通过创收来补充图书馆经费和图书馆员的收入。这确实在相对程度上解决和缓解了公共图书馆的生存压力,但有图书馆人认为这有悖于公共图书馆的服务初衷,并且会阻碍公共图书馆的长期发展。经过长时间的争论和探讨,我国图书馆人最终普遍认同了"公益服务"原则,并积极向全面免费的方向努力。

最早提出并实现免费服务的是杭州地区的 10 家公共图书馆,他们于 2006 年 6 月 1 日在杭州图书馆联名发表《杭州地区公共图书馆服务公约》,公约中明确实行对读者的基本服务免费政策;接着深圳图书馆也于 2006 年 7 月 12 日新馆开放时实行基础服务免费政策;而省级图书馆中最早实现免费开放的是浙江省图书馆。2008 年 2 月,《图书馆服务宣言》发布前后,国家图书馆取消了办证费用、年度验证费、读者存包费、自习室收费、讲座门票费和馆域网上网费等一系列服务费用;复印、文献提供等延伸服务项目按成本收费,同时大力开展免费讲座与展览服务。紧接着,辽宁省图书馆也先后取消了读者的办证工本费,自学室免费自学,免费开放万方数据库等,而且延长开馆时间。2011 年 2 月 10 日,文化部和财政部共同出台《关于推进全国美术馆公共图书馆文化馆(站)免费开放工作的意见》,并向各地文化、财政等有关部门发出通知,要求于 2011 年年底之前,全国各地的国家级、省级美术馆全部向公众免费开放;全国所有的公共图书馆、文化馆(站)实现无障碍、零门槛进入,公共空间设施场地全部免费开放,所提供的基本服务项目全部免费。《意见》中将我国公共图书馆的基础服务范围确定为:文献资源借阅、检索与咨询、公益性讲座和展览、基层辅导、流动服务等。随后,全国各公共图书馆掀起了"免费服务"运动,向社会公众免费提供一般性的基础服务。现在,免费服务已成为公共图书馆的主要服务形式。也就是说,今天图书馆界所强调的"免费开放"指的是社会公众可以免费进入图书馆的公共服务空间,无需缴纳年费、办证费、验证费、座位费等"入门费用"。至于图书馆员的增值服务,包括参考咨询、信息开发、企业竞争情报等项目则不属于免费服务的范畴,属于有偿服务。

2.3.3 普遍均等

普遍均等服务是指图书馆的服务与资源对任何用户都是平等的,不因服务对象的身份、年龄、种族、所在区域等任何原因而有所限制与排斥,应向所有人提供"无差别、无障碍、无门槛"的服务。其中,无差别是指公共图书馆在服务质量、服务态度、优先次序等方面,对所有个人一视同仁,平等对待;无障碍指公共图书馆在空间设计、设施布局等方面,考虑所有人的需要,特别是对身体残疾用户的需要,保证不因硬件设施等因素排斥任何个人;无门槛是指公共图书馆向所有人免费提供基本服务,保证不因经济能力、身份、地位等因素排斥任何个人。[①]

应该说,在图书馆出现之初,享受图书馆的服务与资源,甚至曾经是"贵族"阶级的特权。我国的公共图书馆服务理念的转变比国际图书馆界的发展要晚,在很长的一段时间里未能实现不同区域、不同层次人群的均等服务,直到20世纪90年代,国家图书馆仍然保留着以学历、职称区分用户类型,提供分层次的图书外借服务。

考虑其中的原因,我国的图书馆服务,在相当长的一段时期内,因为因受到资源、资金、环境等的限制,其能够提供服务的能力是有限的,从当时图书馆维系的实际需要来看,"区别服务"确实在一定程度上能起到节约成本,集中优势力量的作用。然而,随着政府对公共服务与教育的重视,社会群众对于文化生活需求的提高,旧有的服务原则显然难以满足社会及用户的需求,对于公共图书馆自身的发展也起到制约作用。

---

① 于良芝,许晓霞,张广钦. 公共图书馆基本原理[M]. 北京:北京师范大学出版社,2012

均等服务原则的适时提出,是图书馆服务原则的一项重要转变,是适应时代发展的原则,也是能够带给图书馆长远发展的契机。近年来,图书馆界发布的各类指南、宣言、政策无一例外地将均等列为图书馆服务的重要前提与评价指标,这证明了图书馆均等服务原则的重要性和必要性。

在政策的指导下,目前我国很多图书馆都开展面向弱势群体的特殊服务,这是实行普遍均等服务原则的重要体现。弱势群体在社会资源的拥有、社会财富和社会地位等方面都处于相对弱势,需要图书馆给予政策上的特殊照顾和倾斜,保证弱势群体能够平等享有图书馆的公共文化服务。比如设置专门的盲文阅览室、盲文阅览区或者盲文专架;配备专用的盲人阅读器;设计残疾人通道等无障碍设施;建立流动书车、流动图书馆为边远地区或交通不便地区人群送书上门等。为推进对弱势儿童的阅读指导,国家图书馆少儿馆专门策划组织"弱势儿童知识援助计划",为打工子弟学校的青少年提供精心挑选的少儿读物,进行专门的阅读指导培训,提供免费的公益讲座等,旨在普及图书馆知识,增强未成年人的图书馆意识,培养良好阅读习惯,发挥图书馆的社会教育职能,此举即充分体现图书馆普遍均等的服务原则。

2.4 《公共图书馆服务指南》——国际图联指导公共图书馆开展服务的规范性文件

公共图书馆服务指南与标准规范的作用类似,也是用以指导图书馆开展服务的带有规范性质的文件,其阐述角度及内容与标准及规范有异,倾向于对图书馆的建设与服务提出建议。

国际图联(IFLA)作为国际上图书馆行业的领头羊,制定了一系列的图书馆服务指南。有学者研究认为,国外公共图书馆服务指南经历了从标准到指南的发展过程。[①] 1973 年,国际图联发布《公共图书馆标准》,其指导思想认为:由于各国图书馆总体目标是一致的,因此并不需要不同的标准,需要调整的只是发展的速度。随着公共图书馆的发展,国际图联逐渐认识到标准的局限性,1986 年发布的《公共图书馆指南》取代了之前的标准,并对其指导思想进行修正,指南认为:由于各图书馆之前用户需求和资源的巨大差异,不可能有共同的服务标准,指南提供的不宜是规则而应是有通用性、有实践基础的建议,那些有关数量标准的建议,是基于不同情况下获得的,并不十分可靠。2001 年 8 月,新修订的《公共图书馆服务发展指南》正式出版发行。2010 年,再次修订为《公共图书馆服务指南》,这是国际图联发布的该服务指南的最新版本。

《公共图书馆服务指南》共分七个部分:公共图书馆的使命和宗旨、法律和经费框架、满足客户的需求、馆藏发展、人力资源、管理、营销;还包括六个附录:《公共图书馆宣言》、芬兰图书馆法案、英国白金郡县立图书馆用户服务承诺、加拿大安大略与西班牙巴塞罗那图书馆建筑标准、更新的国际图联宣言、澳大利亚昆士兰州公共图书馆标准和指南。

除了面向普通用户群体的服务指南外,国际图联还发布了一系列针对特殊用户群体的服务指南,[②]旨在贯彻人人平等的服务原则。这些服务指南包括未成年人服务指南、残障人群服务指南,以及监狱罪犯服务指南。

其中,针对未成年人用户的服务指南版本较多,根据不同年龄阶段用户的特点分别有《婴幼儿图书馆服务指南》《儿童图书馆服务指南》《青少年图书馆服务指南》。针对残障或疾病人群的服务指南有

---

① 孙蓓,束漫. 图书馆服务标准到指南的变化——基于国外发展历程的研究 [J]. 图书馆杂志,2012(12)

② 曹雪. 图书馆特殊群体用户服务研究—基于 IFLA 专业报告用户服务指南 [J]. 情报探索,2012(10)

《视障用户图书馆服务指南》《智障人群图书馆服务指南》《诵读困难群体图书馆服务指南》《医院病人、长期居住在护理机构的老年人和残疾人图书馆服务指南》等。对于监狱罪犯,国际图联于 2005 年发布《监狱犯人图书馆服务指南》。

目前,我国还没有国家级的图书馆服务指南发布,与其性质相近的服务规范也是在 2012 年才开始实施。但自 2012 年起,已有一些与图书馆服务相关的文化行业标准、指南项目相继立项。

2.5 《公共图书馆服务规范》——指导我国公共图书馆建设发展的规范性文件

服务标准和规范通常是用以指导公共图书馆建设发展的规范性文件。对于标准与规范,国外图书馆比较重视,起步相对较早,我国服务标准与规范的制定起步较晚,主要分为职业行为规范和业务标准规范两类。

关于职业行为规范,主要对馆员道德行为进行规范,我国目前有2002 年 11 月由中国图书馆学会通过的《中国图书馆员职业道德准则(试行)》。业务标准规范则主要对各级公共图书馆的服务的方式、手段、内容等进行规范。2012 年 5 月 1 日,《公共图书馆服务规范》(GB/T 28220—2011)正式启用实施,这是我国第一个国家级公共文化服务标准。如果说“服务宣言”是对于图书馆核心价值的探讨,是图书馆人为用户提供优质服务的决心,那么“服务规范”就是对服务工作最为切实有效的规范与指导。

《公共图书馆服务规范》(以下简称《规范》)由文化部提出,全国图书馆标准化技术委员会归口,上海图书馆作为牵头起草单位,联合浙江图书馆、长春市图书馆共同起草完成。《规范》自 2008 年 1 月起立项启动,2011 年 10 月定稿,经历了初步调研设计阶段(2008 年),框架调整完善阶段(2009年),学习征询细化阶段(2009年),成果汇总修改阶段(2009—2010年),审核补充完善阶段(2010—2011年)。编制过程严谨细致,召开业界座谈会、专家咨询会、课题组会议等30余次,修改超过20稿。①

《规范》共分为前言和八个方面,包括:范围、规范性引用文件、术语和定义、总则、服务资源、服务效能、服务宣传、服务监督与反馈等。《规范》对公共图书馆从资源到服务,从硬件到软件等各个方面都进行全面而具体的规定。适用于县(市)级以上公共图书馆,街道、乡镇级公共图书馆以及社区、乡村和社会力量办的各类公共图书馆基层服务点。

《规范》在总则中明确指出公共图书馆服务的目的与原则,强调免费、平等、以人为本的服务原则。

对于服务资源,《规范》从馆舍建筑指标、人力资源、文献资源三个方面做出规定。其中,在馆舍建筑指标中,除了对建筑功能总体布局提出要求外,还对电子信息设备,包括计算机、网络与带宽接入、信息节点等方面给出指标数据。

对于人力资源,《规范》指出,公共图书馆工作人员应受过专业训练、具备良好的职业道德,在服务工作中应平等对待所有用户,尊重和维护用户隐私,并对馆员具有学科背景的专业人数及员工培训课时做了明确的规定。对于工作人员数量计算也给出了指标数据:"每服务10000—25000人应配备1名工作人员"。

对于文献资源,《规范》中除了指出文献采集的原则、数量外,还提到如何确定购置经费的数额。

对于服务效能问题,除基本服务外,《规范》还对远程服务、个性化服务这些拓展服务做出解释。对于服务效率的计算给出指标数据,包

①　王世伟.《公共图书馆服务规范》的编制及其特点论略[J]. 国家图书馆学刊,
　2012(2)

括文献加工处理时间、闭架文献获取时间、图书排架正确率、外借量、人均借阅量、电子文献使用量、文献提供响应时间、参考咨询响应时间等八个方面。

对于服务宣传,《规范》对引导标识、服务公告、馆藏揭示、活动推广等的内容和方式做出明确指导。

《规范》的最后对于服务监督与反馈的方法和途径进行规范,并指导如何开展读者满意度调查,指出"各级公共图书馆的读者满意度应在85%(含)以上"。

《规范》编制小组成员之一的王世伟认为《规范》的编制体现四大特点①:体现世界图书馆事业发展的特征;体现中国公共文化发展的特色;体现公共图书馆行业发展的特点;体现中国图书馆人的文化自觉与文化自信,其中也折射出中外交融的文化内涵。

---

① 王世伟.《公共图书馆服务规范》的编制及其特点论略[J]. 国家图书馆学刊,2012(2)

3 文献流通服务

3.1 阅览服务

阅览服务是公共图书馆提供的一种最普遍的服务形式。早期,公共图书馆曾经出现过根据读者的学历、工作背景、职务、职称等情况进行区分服务,或者是通过收取押金的方式限制部分用户获得阅览服务的权利。在倡导"以人为本、公平、均等"等服务原则的今天,公益、无差别、无门槛的阅览服务已成为公共图书馆最普遍的文献流通服务方式。

3.1.1 分类

按文献提供方式分,主要的阅览服务形式包括闭架阅览和开架阅览。

(1)开架阅览服务

开架阅览服务是指公共图书馆将文献放置在开放区域内供用户自由选择的服务形式。图书馆用户在文献收藏区域可以根据个人需求自主选择所需文献,在馆内的规定阅览区域内开展阅读活动。这种服务方式相对于闭架阅览服务更加开放、便捷,图书馆用户可以直接接触到文献,自由挑选,广泛阅览;节省了检索目录、填写索书单(或者系统预约)、等候取书、归还文献等的时间;可使那些在闭架情况下不易引起用户注意或者在图书馆检索目录中未能被充分揭示的文献被读者发现和利用;当读者所需文献缺藏或不在架时,读者可以选择内容相近的文献。实行开架阅览服务对于图书馆来说,可以降低文献拒借率,减少读者因找不到所需文献而产生的矛盾或意见,是目前公共图书馆阅览服务的主要方式。当然,相对的,开架阅览服务会出现乱架、文献破损甚至文献丢失等弊端,它的文献管理难度更大,用户对于图书馆员的咨询导读需求更为迫切,对于阅览室导引系统设置的准确性要求较高。很多图书馆都采用加强图书馆员巡视,使用彩色书标标示不同类别文献,设置归书桌,不允许读者自行将所需文献归架而由图书馆员归架,以及设置文献流通监测系统等管理方式和手段。目前,很多大中型图书馆都采用 RFID 技术作为架位管理、文献利用率统计以及文献剔除的主要手段。

(2)闭架阅览服务

闭架阅览服务是与开架阅览服务相对应的阅览制度。指公共图书馆将文献收藏于书库内部,由图书馆员向用户间接提供文献的一种服务形式。在闭架阅览制度下,图书馆用户不能直接接触到文献,必须查阅图书馆馆藏目录,通过填写索书单或通过检索系统预约的方式,通过办理借阅手续,在馆内指定区域阅读文献。闭架阅览服务在早期的公共图书馆服务中,因为服务理念、文献珍贵度等原因,被公共图书馆普遍采用。随着服务开放原则被广泛认可,阅览服务逐渐发展出半开架阅览、开架阅览等形式。阅览服务发展至今,闭架阅览已逐渐被开架阅览服务替代。但是,从公共图书馆文献管理与保护上看,闭架阅览仍将长期存在于图书馆服务中。一方面是受图书馆阅览室空间的限制,闭架阅览制度可采用密集书架收藏文献,在较小空间内最大限度容纳文献资源;一方面是受文献自身因素的限制,一些特藏文献由于数量稀少,版本较珍贵,内容不宜公开,还有一些利用率较低的文献,公共图书馆出于文献长期保存使用或者节省空间的目的,通常情况下会设立专藏或特藏文献阅览室,提供闭架阅览服务。

除此之外,还有一种介于开架和闭架之间的阅览制度——半开架制,即将文献陈列在装有玻璃挡板的书架或书柜上,读者可隔着玻璃通过书脊、封面等文献外貌浏览和挑选文献,不能自行取阅,须由馆员代取。

每个公共图书馆通常都会根据各馆实际情况区分不同文献和不同读者群,以此确定采用开架阅览服务、闭架阅览服务或者是半开架制阅览服务。简单来说,对于容易获取的、利用率高的本国印刷型出版物一般都采用开架制。对于珍贵文献,如台港澳文献、外文文献、地方文献、古籍善本等或者内容不宜公开的保密文献或者利用率很低的文献等,则采用闭架制,仅对科学研究工作者实行开架。①

3.1.2 服务内容

开架阅览服务与闭架阅览服务在服务内容上多有相似之处,如室藏管理与揭示、用户导读、出入室检查检测、日常巡视、本室设备及系统日常维护、工作统计等。

①室藏管理与揭示工作内容包括:归架、整架、倒架、展架、接收新书刊、剔除、破损装订等。

• 归架是指将用户归还的文献按排架号归还书架的工作。

• 整架是对室藏文献的日常整理维护,以保持文献摆放整齐,顺序正确。

• 倒架、展架是对室藏文献进行架位区间调整的方法,通过对所需倒架、展架文献周边的文献架位进行调整,以缓解文献架位紧张情况,是保持架位区间分配合理的有效手段。

• 在室藏管理过程中,读者阅读后的文献应及时归架、随时整架,并定期根据室藏文献情况开展倒架、展架。

• 接收新书刊是室藏管理中重要的工作之一,要求工作人员在接收时做好清点、验收、登记、数据挂接、上架等工作,要求每本书入藏地点准确无误。通常公共图书馆业务管理规定中对新书完成上架的时间都有各自的规定,以保证用户及时阅读入藏新书。

---

① 中国大百科全书本卷编辑委员会. 中国大百科全书·图书馆情报学档案学[M]. 北京:中国大百科全书出版社,2009

• 剔除也称文献下架，也是室藏管理中的重要工作，在通过倒架等手段仍然无法解决文献架位紧张情况时，通过对文献的下架剔除，可保持室藏空间充足，是维持文献藏量动态平衡的有效手段。开展剔除工作时要求图书馆员对剔除书刊进行甄选、下架，按操作规程进行数据剔除，认真清点数量并进行登记，并按要求调入其他库房或调拨至其他图书馆。

• 破损图书处理也是室藏管理工作的一环。开架图书阅览室中，破损图书应及时下架装订，发现图书散页，应及时交送相关部门进行装订或剔除；开架期刊阅览室中，破损的刊标应及时更换或修补。

室藏管理工作中还包括文献补标、错号核查等内容。补标是指在书刊流通中，对发现文献标签不清楚或脱落时更换新书标；错号核查是指对发现的错号或其他编目错误及时通知编目部门或科组予以改正。

②用户导读。馆员要熟悉本馆借阅政策、馆藏信息和服务点的分布情况，尤其对于本阅览室的情况要非常熟悉，能回答读者提出的关于本阅览室工作的相关问题，做到使用文明语言，态度和蔼，耐心解答。辅导读者利用本阅览室室藏文献，帮助读者查找文献，辅导读者使用计算机检索；主动介绍和辅导读者利用馆藏的数字资源以及互联网的相关信息资源。对于有文献复制、扫描刻盘、打印、拍照等服务的阅览室，要指导读者利用相关服务并办理相关手续。有卡片目录的阅览室，要维护好卡片目录，并指导读者正确查找使用。

③出入室检查检测。在读者刷卡进入阅览室时，认真查验持卡者是否符合入室要求。认真检验读者所持证件的有效性，按规定刷卡、登记，对过期、置停、报废证卡按相关规定处理。检查读者入室是否携带违禁物品，对携带违禁物品或不符合进馆规定的读者做好解释工作；检查读者出室是否有携带室藏文献或公共财产，维护好进出阅览室秩序。做好门禁读者流量的统计工作。

④日常巡视。辅导读者完成书目检索，认真维护阅览室室藏文献

和设备设施,维护好读者使用检索机以及阅览秩序,防止发生污损和偷窃文献的现象,对读者违规行为及时制止并按照相关规定进行处理。对盗窃图书者,要留有读者书面检查,在计算机及人工记录上登记读者证号、读者姓名、书名、时间等相关信息。处理读者违章,收取罚款或赔偿金需开具收据,读者档案内需加注相关说明、操作者及处理日期。对阅览中发现的胶片、音像制品等的缺损、模糊情况、错误数据及时记录。严格遵守并执行有关安全保卫、安全消防等规章制度,在工作中若发现安全隐患或发生突发事件应按照有关规定处理并及时向相关部门及负责人报告。解决因系统引发的矛盾纠纷与突发事件。做好数据统计,确保阅览室文献安全,定期进行文献丢失率、破损率统计并上报。

⑤阅览室设备及系统日常维护。每日检查阅览室设备运行情况,定期为计算机杀毒。保证服务时间内室内设备的正常运行,能排除一般性故障。设备运行出现问题及时报修及备案。例如在为读者提供缩微文献阅览服务时,需要对于出现的阅读器故障及时保修处理。

闭架阅览服务相较于开架阅览服务,服务流程更为复杂,除上述工作内容外,还包括:读者申请审核、文献提取、还书等。

①读者申请审核:审核读者所填索书(刊、报)单是否符合要求。无误后,尽快将文献取出交给读者,并将索书(刊、报)单放入户头卡内。提取文献应当面清点册数。代读者预约要严格按照文献利用流程办理。

②文献提取:一般阅览室室藏以不超过 5—10 分钟为宜,同一馆区库房文献人工提取运输不超过 40 分钟,同一馆区库房文献系统提取运输不超过 30 分钟,跨馆区库房文献人工提取运输不超过 60 分钟。提取文献错误率不超过 0.5%。被"拒绝"的文献,要弄清原因并向读者耐心解释,尽可能向读者推荐内容相近的文献,满足读者的需要。对拒绝的请求要做好统计分析。

③还书:读者阅毕的文献办理归还手续时,首先应检查所归还书

刊是否与索书单相符,有无损坏,确认无问题后,再做还书处理。阅毕文献要随时归架,不得积压。

3.1.3　视听服务

3.1.3.1　视听服务分类

　　视听服务是一种特殊载体的阅览服务方式,主要是指公共图书馆为用户提供的需要借助机器设备才能被充分利用的一种特殊载体的文献资源服务形式。其工作内容与普通书、刊、报基本相同,但其特殊之处在于光盘、磁带等易磨损,使用多次或者保存不当会出现无法读出数据的现象,需要工作人员及时更换。从提供形式来说,视听服务可以分为实体到馆光盘阅览服务、在线音视频播放服务、虚拟光盘播放服务。多媒体光盘资源库属于虚拟光盘播放服务。

　　(1)实体到馆光盘阅览服务是指图书馆提供的包括磁带、录像带、光盘等特殊载体资料的借阅服务。这种新的载体形式"不仅具有形象直观、记录准确,而且具有体积小、容量大、检索快、易保存、易复制,且流通方便、有利于资源共享等优点"[①],是今后图书馆文献资源建设和发展的方向。

　　(2)在线音视频播放服务。目前主要是利用 VOD 视频点播技术实现音视频资源的服务。VOD 视频点播服务是目前大中型公共图书馆普遍提供的服务,它可以满足用户实现自主在线点播、收看音视频的需求,可以最大程度扩大公众的信息渠道。

　　(3)虚拟光盘播放服务。主要是指图书馆遴选电子出版物并对其进行 ISO 镜像光盘制作与发布,供读者查询并通过虚拟光驱下载的方式进行资源利用的多媒体光盘资源库服务。

3.1.3.2　工作内容

　　在线音视频播放服务的主要工作内容包括:

─────────────

① 　张枫霞. 图书馆读者服务[M]. 北京:海洋出版社,2009

- 将完成数字化的光盘拷入 VOD 系统,注意拷入 VOD 系统的节目要完整,多级节目要准确;
- 在 VOD 系统中进行节目分类和分级,分类、分级要恰当,段落清楚;
- 将所有的节目名称与节目进行挂接(连接);
- 将节目重要信息、介绍文字、重要图片介绍写入或输入系统中,说明介绍文字简明准确,图片选择具有该节目的代表性。

3.2 外借服务

外借服务是图书馆传统的用户服务方式,也是图书馆服务中工作量最大、最基本的服务工作之一。文献外借量可以从一个角度反映一个图书馆的基本业务量。它是图书馆为了满足用户的阅读需求,允许有借阅权限的读者,凭借书证等有效证件到图书馆借阅出纳台或借阅室办理借阅手续,在规定的时间内将一定数量的馆藏文献借出馆外自由阅读、独自使用并承担的服务方式。公共图书馆通常将有复本的普通中文书刊提供外借,对那些无复本或按规定不允许外借的文献则采用其他方式提供服务。

我国公共图书馆在初创时期,鲜少开展外借服务,发展至民国时期,特别是 20 世纪 20 年代前后,大多数公共图书馆都将图书外借列为重要的读者服务方式之一。[①] 外借服务一般都设有比较完善的管理制度。制度中通常都明确规定有外借期限及外借数量上限,各馆(室)根据馆(室)藏量及读者流量等实际情况制定不同借阅限制;对外借违规行为也有明确的规定,如:超过借阅期限归还图书需外借人缴纳逾

---

① 黄少明. 民国时期图书馆的阅览部[J]. 上海高校图书情报工作研究,2008 (2)

期使用费,外借期间造成文献损坏或丢失需根据图书价值进行赔偿等。

3.2.1 分类

(1)按外借服务的外借文献提供方式分,可分为闭架外借、半开架外借、开架外借。

- 闭架外借

早期的外借服务形式以闭架外借为主,读者通过手工填条等方式约取所需文献,通过工作人员提取,并完成借阅手续。随着技术的发展进步,20世纪80年代,我国公共图书馆开始使用计算机管理系统进行图书外借操作及管理,这为开架外借提供重要的技术支持,开架外借逐渐成为主要的文献外借方式。但对于品种、副本较少,价值较高的文献,仍有许多图书馆实行闭架借书的形式。

- 半开架外借

半开架外借的服务方式现在已经很少有公共图书馆实行,它主要是外借服务方式由闭架至开架发展过程中出现的一种过渡状态,20世纪八九十年代普遍存在于图书馆服务工作中。半开架图书借阅室的书架非常有特点,阅览室内书架面向读者的一侧装有玻璃挡板,每层书架中间部分留有空当,架上图书书脊朝向读者,读者可以在架上直接看到书名,选择自己需要的图书,然后将书从空当处向里推出,工作人员从书架内侧将书取出,并完成外借手续交给读者。随着技术手段的不断发展,用户数量的急剧增加,这种借阅方式逐渐被开架借阅代替。

- 开架外借

开架外借是目前公共图书馆普遍采用的文献外借方式,用户在开架借阅室根据个人需求挑选所需文献,挑选完成后到借阅室出口或出纳台办理借书手续,将外借文献带离图书馆自由使用。这种方式相比于前两种外借方式,好处显而易见,有利于用户对文献的自主选择,提高文献取用的准确性及便利性,避免了因对所需文献不了解而导致的重复外借,相对的,这种方式也加大了工作人员顺架整架的工作量及文献归架工作量。

开架外借服务发展至今,借助于 RFID(无线射频识别)技术已经实现了文献的批量开架自助借还,用户甚至不需要与工作人员有任何接触,即可通过自助借还书设备完成文献的借还操作,大大提升了文献外借的效率。

(2)根据中国大百科全书及目前比较通用的分类方法,外借按照服务对象、组织方式及范围分,可分为个人外借、集体外借、馆际互借。

- 个人外借

个人外借是公共图书馆外借服务中最主要的构成部分,无论是外借数量还是频度上都占据了外借书刊工作量的绝大部分。用户凭有相应权限的借书证,根据文献需求在相应的文献外借室或出纳台办理外借手续,是个人用户利用图书馆资源的最主要方式。

- 集体外借

集体外借主要是面向单位、机关等集体用户开展的文献外借服务形式。集体用户按照图书馆的规定办理集体借书证,通常由专人负责,向图书馆借书处提出批量外借需求,一次性批量外借文献资源,以满足集体用户需求。与个人外借相比,集体外借通常外借量大,借书周期较长。集体外借一方面可以满足有共同需求的读者群体,方便读者使用;另一方面,集体的借书人相对固定,有助于图书馆的借阅管理。

- 馆际互借

馆际互借服务是一种馆间互助的外借服务形式,也是文献提供的一种重要形式。为了满足用户的文献需求,当本馆馆藏无法满足本馆用户需求时,图书馆之间,或图书馆与文献情报部门之间,通过邮寄、传真或直接外借等方式,互相利用对方馆藏文献,以间接满足用户文献需求。这种形式不但可以在本地区范围内完成馆际互借,更可以发展到国际范围内,完成国际互借业务,从而打破馆藏的地理界限,实现广域的文献资源共建共享。现在的馆际互借多借助计算机网络,通过电子邮件等方式实现实时获取文献,大大节省了馆际互借的成本。

(3)按照借书的方式或手段来说,还可以分为预约借书、邮寄借书、流动借书、在线借书和自助借书等。

● 预约借书

当读者在外借文献的过程中发现某种需要但已被其他读者借出的文献时,他可以通过电话或计算机网络向图书馆进行预约登记,待文献归还图书馆后由馆员按预约顺序通知读者到馆借阅。利用这种方式可以保证每一个读者公平利用文献,满足读者特定需求。

● 邮寄借书

对于偏远地区以及行动不便的读者,图书馆可以采用邮寄借书的方式为其寄送所需文献,这种方式可扩大图书馆服务的覆盖面,满足为特定需求人群服务的要求。

● 流动借书

对于不能亲自来馆借书的读者,图书馆会采用流动书车的方式,定期将部分藏书送到馆外供读者选择借阅。这种方式灵活机动,可以扩大文献流通范围,密切图书馆与社会公众的联系,是基层图书馆经常采用的形式。

除此之外,近年来随着电子计算机和网络的发展而出现的电子图书借还、电子阅读器借还、有声读物借还等新媒体的外借服务也逐渐被用户接受。在线借阅、自助外借等新型的外借形式也使图书馆的读者不再受时间和空间的限制,延长了图书馆的服务时间,方便读者的同时,也使读者感到亲切和自由。[①] 因此受到读者,尤其是中青年读者的广泛欢迎。随着科技的发展进步,读者需求的日趋复杂,或许未来外借服务还将发生革命性的变革。

---

① 于良芝,许晓霞,张广钦. 公共图书馆基本原理[M]. 北京:北京师范大学出版社,2012

3.2.2 服务内容

外借服务内容与阅览服务在许多方面有相似之处,如在室藏管理与揭示、用户导读、出入室检查检测、日常巡视、本室设备及系统日常维护、工作量统计等方面,其工作内容与要求与阅览服务基本一致。但一般来说,由于文献外借室借还流通量较大,文献归架、整架、倒架等的工作量较大,文献破损情况相对较严重,这些都是室藏管理工作中的难点,各馆在制定相关的管理规则上也会有所考虑,如适当调整对排架错架率的要求,严格要求归架时间以保证读者外借等。另外,外借室人流量大,工作烦躁度高,这对馆员的素质要求也就相应提高。

办理借还手续是外借服务的重要工作内容,各馆一般都有明确的操作流程与规范。早期的借还登记是通过手工填表的方式完成,手续繁琐,不易回查,随着图书馆自动化的发展,现在借还手续的办理基本都是通过计算机系统完成。

借还操作内容一般包括:读者借阅权限及密码验证,借还文献污损情况检查,外借文献登记,归还文献销账,逾期使用费收取,污损、丢失文献赔偿等。

● 读者借阅权限及密码验证:进行外借操作前,先要对读者借阅权限及密码进行验证,对于不具备该外借室借阅权限的读者要做好解释工作,对借阅密码的验证是保证读者借阅权益和个人隐私的重要手段,密码管理也是验证图书馆自动化系统安全性的重要指标。

● 借还文献污损情况检查:这项工作不但是对室藏文献的管理与保护,同时也是对于用户权益的保护。以国家图书馆开架外借室管理办法为例:工作人员在办理借书手续时要对发现已有污损的图书,或读者提出的图书污损声明,加盖污损注销章;对已严重损坏的图书,工作人员有权拒绝出借;读者归还书籍时,要先检查所还图书期刊是否有损坏,确认无问题后,再做还书处理。做过污损注销声明的归还书刊,可以使还书的读者免除赔偿责任,避免因其他读者的过失对当前读者造成麻烦。

- 外借文献登记:现在通常是通过图书馆管理系统自动完成的,通过扫描外借文献的条码号,对外借日期、借阅读者信息、归还期限等进行自动记录。在尚未普遍使用图书馆计算机管理系统的时期,外借文献登记工作都需要工作人员手工完成,并将书单存留排挡。

- 归还文献销账:在已经办公自动化的今天,这是一个非常容易的操作过程,通过扫描归还文献的条码号,管理系统可以自动寻找到外借记录,并比对归还期限,在应还日期内归还的文献则自动销账,超过应还日期归还的文献则根据实际归还日期与应还日期相减自动计算出逾期天数,并根据预设的收费标准计算出逾期使用费。早期手工归还外借文献时,归还比对等操作都需要人工完成,并从存留排挡中查找并撤出书单。

- 收取逾期使用费:这是一种维护用户平等借阅文献权利的手段,用以督促长期占用外借文献不还的用户尽快归还文献。在读者归还文献时,如果是逾期归还文献,系统将自动跳出提示,并显示需交纳的逾期使用费数目。读者交纳逾期使用费后,工作人员将对账目清零,并开具收款凭证并加盖公章。为有需要开具发票的读者指出办理方法和开发票的方位。

- 污损、丢失文献赔偿:这是用以维护室藏文献整洁、完整的文献管理手段。读者归还外借文献时,工作人员对归还文献进行检查,发现未经登记注销的污损可按馆内污损文献处理办法向读者提出赔偿;对于读者在外借期间不慎丢失的文献,则根据馆内丢失文献管理办法提出丢失文献赔偿,以购买相同文献或交纳与文献价值相应的金额作为赔偿,以补偿损失的文献。

除此之外,定期向采访部门提交室藏缺藏书目和读者推荐书单,完善外借室的室藏结构;做好与采访部门的协调沟通工作,编目错误及时送改;了解用户需求,分析研究用户的借阅倾向,安排合理的复本量;向用户全面揭示室藏文献,并辅导读者利用等都是外借服务中必不可少的内容。

3.3 文献提供服务

文献提供(Document Supply)是国际上常用的一种表达,广义上是指利用各种资源,以任何形式满足用户的文献需求。"任何形式"包括文本、图片、音视频、印本或者这些形式的组合;"各种资源"既包括图书馆,也包括情报所、商业出版、贸易或者专业协会、政府机构、全文数据库、商业文献传递公司、信息经纪人、公司和个体研究者等。[①] 文献提供服务是图书馆的传统服务之一,图书馆意义上的文献提供服务指的是"针对用户的要求,利用各种资源来满足其需求的一种服务方式,它涵盖了文献传递和馆际互借服务,是一种以提供信息、知识及技术为主要内容的服务"。[②]

文献提供服务一般包含文献传递与馆际互借服务。早期的文献提供服务是由图书馆的文献外借发展而来,馆与馆之间的文献互借就形成了馆际互借业务,随着技术的发展,传统的基于文献返还的馆际互借业务不能满足读者对于文献提供效率的要求,在服务方式上有了比较大的变化,逐步形成以文献非返还为特征的文献传递服务。

文献提供服务的发展,弥补了单个图书馆馆藏资源有限的缺陷,扩大了图书馆实际可利用文献资源的范围,提高了图书馆的服务能力。对于图书馆的读者来说,文献提供业务方便其从一家图书馆就可以获得其所需要的绝大多数文献,减少了读者获取文献所需的时间和空间成本。

---

① 范丽莉. 我国图书馆文献传递服务研究[M]. 武汉:武汉大学出版社,2004
② 唐晶. 合作 共享 发展——图书馆文献提供服务[M]. 北京:国家图书馆出版社,2009

3.3.1　文献传递

《图书馆学与资讯科学大辞典》指出："文献传递服务是应使用者对特定的已确知的出版或未出版文献的需求,由图书馆或商业服务单位等资料供应者将需要的文献或其代用品在适当的时间内,以有效的方式与合理的费用,直接或间接传递给使用者的一种服务。"①

文献传递服务是文献资源共享的一种重要方式,是指读者需要图书馆馆藏的某本书或某份文献,图书馆通过一定的方式把用户所需的文献从文献源提供给用户的一种服务。具体来说,读者或用户将特定的已确知的文献需求告知图书馆,由图书馆通过复印邮寄、传真或E-mail等形式,将其需要的文献或替代品以其有效的方式与合理的费用直接或间接传递给使用者的一种服务。文献传递服务的明显特征之一为文献的非返还性。

3.3.1.1　文献传递服务的业务流程

● 接受读者请求。工作人员通过文献传递系统、邮件、电话、信件、传真等其他形式接受读者的文献信息查询方面的需求。工作人员应全面、认真、细致、准确地了解读者所需文献的内容。

● 文献检索。工作人员根据读者的需求,通过相应的检索手段和检索方法,利用各种公共联机目录检索系统、文献数据库、网络资源等信息源,检索读者所需的文献。

● 答复读者。工作人员将文献检索结果按读者需要的载体形式答复读者。

● 登记建档。按照规定,将文献传递服务工作的全部过程进行建档工作。

---

① 　胡述兆. 图书馆学与资讯科学大辞典[M]. 台北:汉美图书有限公司,1995

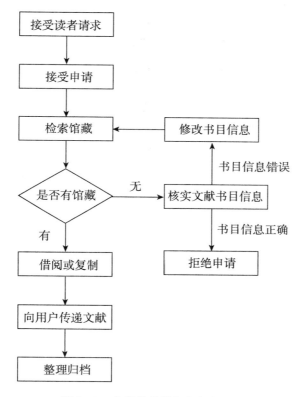

图 3-1 文献传递服务业务流程图

3.3.1.2 注意事项

● 要在承诺的时间内回复读者的文献传递请求,对于无法满足的读者委托,也要及时将情况告知读者。

● 要熟练准确地进行馆藏查询工作,保证馆内文献的查全率及查准率。

● 所提供的文献要限制在合理使用的范围之内,当读者需要提供的文献超出合理使用的范围时,应向读者申明相关的知识产权事项,必要时用书面方式取得读者的承诺。

3.3.1.3 国内主要文献传递系统

目前,国内绝大多数的图书馆都开展了文献提供服务,通过开展馆际互借和文献传递开展业务,从全国范围来看,目前有五大文献提供系统:

(1)中国高等教育文献保障系统(China Academic Library & Information System,简称 CALIS)。是经国务院批准的我国高等教育"211工程""九五""十五"总体规划中 3 个公共服务体系之一。CALIS 的宗旨是把国家的投资、现代图书馆理念、先进的技术手段、高校丰富的文献资源和人力资源整合起来,建设以中国高等教育数字图书馆为核心的教育文献联合保障体系,实现信息资源共建、共知、共享,以发挥最大的社会效益和经济效益,为中国的高等教育服务。网络访问地址 http://www.calis.edu.cn/。

CALIS 管理中心设在北京大学,在北京建立了文理、工程、农学、医学 4 个全国性文献信息中心,构成 CALIS 资源保障体系的第一层,主要起到文献信息保障基地的作用。其中文理、工程两个全国中心分别设在北京大学和清华大学。以两校图书馆和学校各方面条件为基础,加上本项目专项资金的投入,将拥有相对最丰富的文献数据库资源以及最强大的网上检索服务和文献传递的手段,从而作为"211 工程"重点学科建设的最终文献保障基地;农学和医学两个全国中心则分别设在中国农业大学和北京大学医学部,作为 CALIS 与全国农业信息网和全国医学信息网的连接点,扩大文献资源共享的范围,同时又作为同类院校图书馆的协作牵头单位,开展相应的资源共享活动。除以上 4 个全国性文献虚拟中心以外,CALIS 还设有华东北、华东南、华中、华南、西北、西南、东北 7 个地区文献信息服务中心和一个东北地区国防文献信息服务中心。

CALIS 从 1998 年开始建设以来,引进和共建了一系列国内外文献数据库,包括大量的二次文献库和全文数据库;采用独立开发与引用消化相结合的道路,主持开发了联机合作编目系统、文献传递与馆际互借系统、统一检索平台、资源注册与调度系统,形成了较为完整的CALIS 文献信息服务网络。迄今参加 CALIS 项目建设和获取 CALIS 服务的成员馆已超过 500 家。①

(2)国家科技图书文献中心(NSTL)。NSTL 成立于 2000 年 6 月 12 日,是一个虚拟的科技文献信息服务机构,成员单位包括中国科学院文献情报中心、工程技术图书馆(中国科学技术信息研究所、机械工业信息研究院、冶金工业信息标准研究院、中国化工信息中心)、中国农业科学院图书馆、中国医学科学院图书馆。网上共建单位包括中国标准化研究院和中国计量科学研究院。按照"统一采购、规范加工、联合上网、资源共享"的原则,采集、收藏和开发理、工、农、医各学科领域的科技文献资源,面向全国开展科技文献信息服务。其目标是建立一个国家级的科技文献信息资源保障与服务体系。NSTL 网络服务系统(http://www. nstl. gov. cn/)是中心对外提供全方位的科技文献信息服务的一个重要窗口。②

NSTL 为了更好地发展文献提供服务,除了不断丰富自身的文献资源之外,还不断加大对文献的揭示力度,通过网络服务系统提供方便快捷的文献提供服务。

(3)科学院系统的馆际互借与文献传递系统。中国科学院国家科学图书馆(筹)于 2006 年 3 月由原中国科学院所属的文献情报中心、资源环境科学信息中心、成都文献情报中心和武汉文献情报中心 4 个机构整合组成,该馆立足科学院,面向全国,主要为自然科学、边缘交叉科学和高技术领域的科技自主创新提供文献信息保障、战略情报研究服务、公共信息服务平台支撑和科学交流与传播服务,同时通过国家科技文献平台和开展共建共享为国家创新体系其他领域的科研机构提供信息服务。③

---

① 参见中国高等教育文献保障系统网站(http://www. calis. edu. cn/)。
② 参见国家科技图书文献中心(NSTL)网站,http://www. nstl. gov. cn/。
③ 参见 http://www. las. cas. cn/。

中科院馆际互借与文献传递系统的资源以中外文期刊为主,除馆际互借向全国提供服务之外,其文献传递业务目前主要为中科院全院系统的科研人员以及研究生服务,全文传递也只对其注册用户开放。

(4)中国高校人文社会科学文献中心(China Academic Social Sciences and Humanities Library,简称 CASHL)。是全国性的唯一的人文社会科学文献收藏和服务中心。CASHL 的资源和服务体系由两个全国中心、5 个区域中心和 10 个学科中心构成。

CASHL 于 2004 年 3 月 15 日正式启动并开始提供服务。目前已收藏有近 2 万种国外人文社会科学领域的核心期刊和重要期刊,1956种电子期刊以及 35 万种电子图书,112 万种外文图书,以及"高校人文社科外文期刊目次库"和"高校人文社科外文图书联合目录"等数据库提供数据库检索和浏览、书刊馆际互借与原文传递、相关咨询服务等。任何一所高校,只要与 CASHL 签订协议,即可享受服务和相关补贴。

CASHL 目前已拥有 700 家成员单位,包括高校图书馆和其他人文社会科学研究机构。个人用户愈 8 万多个,机构(团体)用户逾 3000家。已提供文献传递服务 80 多万笔。

(5)国家图书馆馆际互借与文献传递系统。国家图书馆文献提供中心成立于 1997 年,截至 2013 年年底,已与 697 家国内图书馆直接开展过馆际互借合作;国际互借业务中,国家图书馆直接与 63 个国家和地区的 512 家图书馆开展过国际互借业务,通过各种平台可与 170 个国家和地区的 72000 多家图书馆开展业务合作。

文献提供中心以国家图书馆宏富的馆藏资源和各类数据库为基础,由专业的图书馆员提供个性化的周到服务。文献提供中心的服务网络覆盖了全国各个地区,作为全球最大的中文文献保障基地及国内最大的外文文献查询中心,为国家重点教育科研生产单位、图书馆界及个人用户提供多层次、全方位的文献提供服务。

目前,国家图书馆文献提供中心提供各类文献资料的检索、静电复印、胶片还原、扫描、拍照、刻录、打印、装订等委托服务,并通过普通邮寄、挂号、EMS、中铁快运、E-mail、系统网上发送等形式传递给最终用户。

用户可以通过登录中国国家图书馆馆际互借与文献传递系统(http://202.96.31.83/gateway/index.jsf)直接提交网上申请,也可通过E-mail、电话、传真、到馆委托等多种途径递交文献申请。

除了以上几个全国的系统之外,各地方还发展了为数众多、特色鲜明的区域性联盟,如:

(1)北京地区高校图书馆文献资源保障体系(Beijing Academic Library & Information System,简称 BALIS),网址:http://balis.ruc.edu.cn/。BALIS 成立于 2007 年,是在北京市教委和图工委的领导下,面向所有在京高校图书馆提供文献信息服务,其宗旨与 CALIS 相同,目的是建设北京高等教育文献联合保障体系,目前主要依托中国高等教育文献保障系统(CALIS),实现文献信息资源的共建、共知、共享,以发挥最大的社会效益和经济效益。

BALIS 现有 5 个中心,分别由有关大学图书馆负责运行:原文传递管理中心,由中国人民大学图书馆负责;馆际互借管理中心,由北京邮电大学图书馆负责;资源协调中心,由首都师范大学图书馆负责;培训中心,由北京师范大学图书馆负责;联合信息咨询中心,由北京科技大学图书馆负责。

(2)广东省文献资源共建共享协作网(网址:http://www.gdlink.net.cn/)是由广东省中心图书馆委员会主办,广东省图书馆学会、广东省科技情报学会协办,是我国建立的第一个地区性跨系统文献资源共享平台。平台整合了广东省文化、教育和科技系统图书馆的相关资源,通过平台为读者提供文献传递及咨询服务。

中国主要区域性图书馆联盟概况一览表①

联盟名称	成立年份	负责或牵头单位	成员馆数量	经费来源
上海市文献资源共建共享协作网	1994	上海图书馆	79	上海市委市政府
广州地区高校图书馆联盟	1994	广东省教育厅	12	广州市政府
江苏省高等教育文献保障系统	1997	南京大学	不详	江苏省教育厅
上海教育网络图书馆	2000	上海交通大学	42	上海市教委/信息服务费
北京高校网络图书馆	2001	首都师范大学	27	信息服务费
广东高校网络图书馆	2002	华南师范大学	不详	广东省财政
北京高校图书馆联合体	2002	北京邮电大学	39	自筹
河北省高等学校数字图书馆联盟	2002	燕山大学	53	成员馆分摊
四川高校文献保障体系	2002	四川省教育厅	76	四川省教育厅
河南省高等教育文献保障系统	2003	郑州大学	不详	省政府

---

① 张甫,吴新年,张红丽.国内区域图书馆联盟建设与发展研究[J].情报杂志,2011(8)

联盟名称	成立年份	负责或牵头单位	成员馆数量	经费来源
天津高等教育文献信息中心	2004	天津市教育委员会	20	天津市教育委员会
湖南省文献信息资源共建共享协作网	2004	湖南省图书馆	7	信息服务费
湖南省高等学校数字图书馆	2004	湖南师范大学	22	湖南省教育厅
广东省文献资源共建共享协作网	2005	广东省中心图书馆	11	广东省财政厅
中国西南地区市地州图书馆联盟	2006		不详	成员馆分担
湖北省高等学校数字图书馆	2006	湖北省教育厅	18	湖北省财政
山东省网上图书馆共享服务平台	2007	山东省图书馆	不详	山东省财政
吉林省图书馆联盟	2008	吉林省图书馆	29	吉林省财政
北京地区高校图书馆文献资源保障体系	2009	北京高校图工委	11	北京高校图工委
浙江网路图书馆	2009	浙江图书馆	105	浙江省财政
江西昌北高校图书馆联盟	2010		4	成员馆分摊

3.3.2 馆际互借

馆际互借(Interlibrary Loan)是图书馆之间依据协定,相互利用对方馆藏以满足本馆读者需求的文献外借方式。它是馆际合作的一种形式。馆际互借可将其他图书馆的馆藏作为本馆藏书的延伸,弥补各自馆藏的不足,实现资源共享。完备的馆际互借制度可促进一个国家或一个地区实现文献资源的合理布局。馆际互借的明显特征之一为文献的返还性。

馆际互借除可以在一个国家的各图书馆之间开展外,还可在各国之间开展,称为国际互借。互借所需费用一般由图书馆双方分担,有时读者也分担一部分。参加互借的图书馆之间往往订有互借协约或规则。由于现代复制技术和通讯技术被应用于图书馆,在馆际互借中可用复制件或传真件代替原件。[①]

3.3.2.1 馆际互借业务流程

(1)接受读者请求。工作人员通过馆际互借系统、邮件、电话、信件、传真等其他形式接受读者的馆际互借文献需求。工作人员应全面、认真、细致、准确地了解读者所需文献的内容,并确认读者所需文献确属本馆缺藏文献。

(2)文献检索。工作人员根据读者的需求,通过相应的检索手段和检索方法,利用各种公共联机目录检索系统、文献数据库、网络资源等信息源,检索读者所需的文献,并确定文献收藏馆是否属于本馆的馆际互借协议单位。

(3)与读者沟通。工作人员将初步的文献检索结果反馈给读者,并告知大致的费用、获取时间等,待读者确认后,正式处理申请。

(4)文献申请与提供。工作人员向文献收藏馆提交馆际互借请求,收到文献后,做好登记工作,并按照与读者协商的方式提供使用。

---

① 《中国大百科全书》数据库

（5）文献返还。文献利用完毕后,工作人员按照文献来源馆的要求,进行文献的归还工作。

（6）登记建档。将馆际互借工作的全部过程进行建档工作。

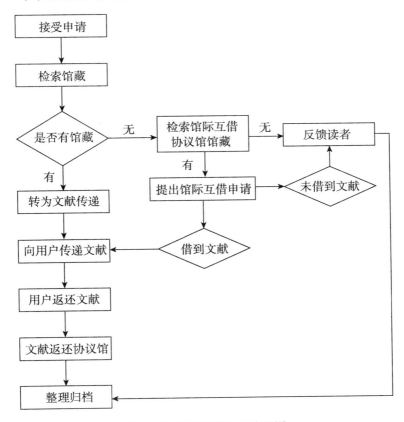

图3-2　馆际互借业务流程图

3.3.2.2　注意事项

（1）无论是否能够满足读者的需求,要在规定的时间内给予读者答复。

（2）馆际互借应遵循先国内后国外的原则。在文献查询的过程中,应先在国内图书馆查询是否有此文献,若国内无法或不能及时获取该文献,可向用户推荐国际互借服务并按照成本最低原则或常用原则选择国外图书馆借阅。如果文献费用比常规高,则需要及时跟读者进行沟通,征求读者同意后才可借阅。

3.4 复制服务

复制服务是公共图书馆普遍采用的服务方式,是以文献复制、扫描等方式,向用户提供文献资源的服务方式,它是阅览服务、外借服务的延伸,是对用户文献资源获取方式的补充和扩展。另外,它也是一种快速补充馆藏文献资源,对文献进行再生性保护的方式。

3.4.1 分类

复制服务常见的形式有静电复印、缩微复制、数字化复制等。

(1)静电复印是最常见的文献服务方式,是图书馆复制服务的主要组成部分,它可以为用户提供可直接阅读的复印件。现在纸质文献仍然是公共图书馆最主要的文献资源,也是用户需求量最大、使用最频繁的文献形式。

(2)缩微复制是利用拍照的方式,把文献高密度按比例缩小,记录在感光材料上。按其缩率划分有低缩率、中缩率、高缩率、特高缩率、超高缩率等。按其外形划分可分为卷式片(如盘式、盒式、夹式等)、片式片(如条片、封套片、窗口卡片、缩微平片等)。传统缩微文献的利用通常是通过胶片阅读设备放大后进行使用,也可以通过文献还原的方式进行使用。[①]

---

① 中国大百科全书本卷编辑委员会. 中国大百科全书·图书馆情报学档案学 [M]. 北京:中国大百科全书出版社,2009

随着科技的发展进步,数字缩微技术出现,它通过对原件的扫描,将图像分解成许多微小的像素,以串行信号形式来存储、传递信息。传统缩微制品是原件的忠实图像,主要适用于具有法律证据和其他需要忠实于原件的缩摄;数字缩微的运用是对于文献资源的保护,用户使用也相对便捷,是缩微服务发展的方向。同时,数字缩微可以对已存储的信息进行追加、更改,适用于需要经常变动的文献缩微制品。

(3)数字化复制包括录入、扫描、下载、打印等方式。近年来,随着用户信息获取习惯的变化,数字化复制方式越来越受到用户青睐,成为复制服务工作重要的组成部分。录入、扫描是将传统文献转化为数字信息进行存储复制的服务方式。打印则是将数字资源转化为纸质复制品向用户提供服务的方式。这些数字化复制方式可以加快文献的传递速度,提高文献信息的利用率,但由于复制手段简便易行,短时间内就可以下载或复制大量的数据资源,因此,数字化复制的法律问题不容忽视。

3.4.2 服务内容

复制服务内容包括解答文献复制的有关咨询,接收文献复制委托,审核读者填写的复制单,交付复制文献,复制设备的保管及维护,完成相关工作统计等。

(1)解答文献复制的有关咨询。要求工作人员熟悉复制服务各项规定,准确、耐心解答用户的疑问。近年来,自助复制服务方式被许多公共图书馆采用,这就要求咨询工作人员了解设备使用及复制流程,对用户的自助复制行为进行辅导。

(2)接受文献复制委托。用户提交复制委托的方式包括到馆、来电、来函、网上预约等方式,工作人员要对每件委托都有答复,并解释文献复制相关规定,指导用户填写复制申请单。

(3)审核读者填写的复制单。审核复制单时,要查看是否与书刊夹条相符,相关信息是否填写完整。若因文献原因影响复制效果,要先征得用户认可再进行复制。在尽量满足用户文献需求的同时,要尊重知识产权,维护著作权人的合法权益。

（4）交付复制文献。文献复制过程中,要爱护文献,尽量避免因复制对文献的损伤。复制件内容、文字、数据清晰,画面整洁,不模糊,不歪斜,不漏印,不重印,不缺字少页。文献复印或文献扫描后的打印中,应正确选择用纸规格,按要求留足装订边。图书馆通常会对差错率有所要求,如国家图书馆对于复制文献要求整件差错率不超过0.1%;除对于复制文献质量的要求外,出于节约环保的目的,图书馆还会对纸张的使用数量有所限制,即对废纸率的规定,国家图书馆要求复印纸张和材料的废纸率在5%以下。

复制完成后,要对文献进行核对,保证复制文献没有缺页、重复等情况。如用户有需要,要对复制好、核对完的文献进行简单装订。装订后的复制文献,外观整齐、结实,书钉不外露,中缝留有一定空隙,便于翻阅、浏览。核对、装订后,填写工作登记单据,并将复制文献交付用户。对于复制费的管理,要严格遵守财务制度,核对每项收款并为读者打印收款凭证。

（5）复制设备的保管及维护。要求工作人员简单了解复印机、扫描仪的工作原理,做好日常清洁保养。能够处理使用中遇到的简单故障。出现故障及时报修。

（6）相关统计工作。工作人员要认真做好日常工作统计和月报表统计,各统计项目填报齐全,统计数据真实、准确,按时上报。

3.5 数字文献流通服务

随着信息技术和数字媒体的快速发展以及数字阅读设备的广泛普及,提供电子书借阅服务已经成为越来越多图书馆服务内容的一部分,电子书也成为图书馆馆藏文献资源的重要部分。电子书指的是利用计算机技术将一定的文字、图片、声音、影像等信息,通过数码方式记录在以光、电、磁为介质的设备中,借助于特定的设备来读取、复制、传输的一类文献,区别于以纸张为载体的传统出版物,[①]是当前不断涌现的众多数字媒体的一个代表。由于在电子书的采访、流通等方面的各类法律规范还不够完善,因此在图书馆内还没有形成系统的电子书服务模式,目前图书馆基本上都遵循或参照传统的借阅模式提供服务,是传统印本图书馆业务模式的延伸。这种模式是数字出版生态中各方都可以接受的一种模式,但远不是理想的图书馆电子书服务模式,仍然处于不断地变化发展之中。

2012 年 8 月美国图书馆协会(ALA)发布的《公共图书馆电子书业务模式》报告申明了公共图书馆电子书业务的基本特征:所有面向公众销售的电子书,也应允许图书馆用于外借服务;图书馆应当拥有有效使用所购买电子书的权利,包括将之转换至其他平台,无限期地用于外借服务等;出版商或发行商应当向图书馆提供元数据和管理工具,以促进电子书服务。[②] 2013 年 2 月 8 日国际图联(IFLA)发布了《图书馆电子外借原则》以帮助图书馆从业人员向用户提供可下载的电子图书。这些原则包括:针对电子图书的许可获取(或购买),图书馆应当在并发用户数量、借阅时限、永久访问、借阅总次数等方面争取利于图书馆及其用户的条款;在版权法框架内,针对电子图书的许可(或购买)及使用,图书馆及其用户的版权限制及豁免条款应受到支持,图书馆可以复制部分作品,以保存为目的转换作品格式,提供馆际互借服务,以使用为目的避开技术保护措施等;从图书馆获取的电子图书,可用于所有通用的电子阅读终端;图书馆应保护包括数字借阅情况在内的用户隐私权;如果出版方(或作者、或销售方)抵制图书馆

---

① 互动百科. 电子书[EB/OL]. http://www.baike.com/wiki/% E7% 94% B5%
　 E5% AD%90% E4% B9% A6
② 国家图书馆网站. 业界动态[EB/OL]. http://www.nlc.gov.cn/newtsgj/yjdt/
　 2013n/1y_8606/201301/t20130115_69219.htm

获取电子书,法律应当保障图书馆的相关权益。①

3.5.1 服务方式

　　按电子书内容的流通方式可分为载体与内容捆绑借阅、特定载体上的内容借阅、通用载体上的内容借阅三种服务形式。无论哪一种流通方式,一般都会限制电子书的全文打印、广泛传播和永久下载。

　　1. 载体与内容捆绑外借

　　纸本图书的内容与载体是不可分离的,而电子书必须通过电子书文件中应用数字版权管理(DRM)技术,实现复杂的复本控制功能。这种方式是图书馆开始数字阅览服务初期的一种主要形式。图书馆从不同的电子书资源厂商获得设备和资源,不经图书馆任何的加工处理,由供应商进行简单的内容分类和集成,读者只能通过特定的设备访问特定的内容。② 这种方式以汉王电子书阅读器为典型代表,图书馆向读者外借汉王电子阅读器,读者只能阅读阅读器内置电子书或访问现在汉王提供的特定电子书内容。

　　2. 特定载体上的内容借阅

　　这种方式是目前图书馆在广泛使用的一种方式,即图书馆通过第三方平台和设备整合电子书内容资源进行服务,这种载体外借完全模仿印本图书的管理方式。图书馆将不同来源的电子书进行整合、管理和揭示,读者通过外借特定的阅读设备访问图书馆的电子书内容。这种方式的典型代表是在各类平板电脑集成阅读数图公司、超星、方正Apabi、书生之家的电子书系统,读者通过注册认证之后,免费图书可在任意时间、任意地点随便阅读。在外借有效期内,只有下载这本书时的用户名才可以阅读此书。③

---

① 国家图书馆网站. 业界动态［EB/OL］. http://www. nlc. gov. cn/newtsgj/yjdt/
　2013n/11y_8616/201311/t20131128_78874. htm
② 上海图书馆学会,上海图书馆. 图书馆数字阅读服务白皮书
③ 张慧. 电子书在公共图书馆的流通［J］. 山东图书馆季刊,2004(91)

3. 通用载体上的内容借阅

图书馆根据统一的标准规范将内容商的各类电子书进行后台的整合、管理和揭示，建立起完整的图书馆电子书资源管理和服务平台，读者通过在个人阅读终端上安装图书馆的应用软件而融入到平台中，形成一种融合的 B2B2C 模式。读者借阅的电子书只是在读者浏览或下载的时刻才动态成型（包括 DRM 封装的过程），在此之前，系统平台中管理的都是电子书内容组件，从根本上保证了管理和服务政策的灵活性，能够方便地支持社会化阅读等功能性扩展，保证读者通过任何方式在任何阅读设备上实现借阅。但是目前由于技术发展的不确定性和法律规范的不完整性，还很难具体描述这种方式的未来发展。

3.5.2 服务内容

电子书借阅的服务内容主要是指图书馆通过购买一定的复本而取得相应电子书的出借权，图书馆按照地域或机构组织的边界为限，向其合法读者提供服务，读者可以到图书馆或经远程登录进行电子书的借阅。一般来说，电子书借阅服务内容与纸本服务在许多方面有相似之处，阅读设备的借还操作内容一般与外借服务类似，也要完成读者借阅权限及密码验证，借还设备污损情况检查，外借设备登记，归还设备销账，逾期使用费收取，损坏、丢失设备赔偿等。但在电子书借阅内容服务上，应该注意以下几个问题：

（1）平等获取。图书馆能够在一个自由选择的市场环境中，以一定的形式和合理的价格，购买到（而非只能租用）所有面向最终消费者销售的电子出版物（包括网络原生资源）。

（2）自由流通。以至少不差于印本资源的许可条件，提供读者免费的借阅流通。

（3）平台独立。任何来源的电子资源，无论何种格式，皆可不依附于特定平台进行整合和发现，例如整合到已有的 OPAC 系统中，并能够支持基于网络的借阅服务。进一步的，借阅平台还应该支持多种资源的统一发现、个性化排序以及读者荐购等功能。

（4）隐私保护。法律规定除外，与读者有关的任何隐私非必要不保存，且从技术和政策上保证不向图书馆之外的任何机构或个人透露。

（5）无障碍阅读。所采用的 DRM 技术应能保证不影响读者正常使用，且支持读者在大多数通用平台环境和主流设备上使用电子资源；提供必要的、能使残障人士正常阅读的技术措施（如支持 DAISY 或 PUB3 电子书格式标准）。

（6）保存和共享。按照图书馆行业的惯例，所有购买过的电子资源皆有保存权，在一定条件下支持馆际互借和联盟共享。①

_____

① 谢蓉. 图书馆电子书服务模式研究[J]. 图书馆,2013(11)

4　参考咨询服务

参考咨询服务是一项通过参考咨询馆员的专业技能,将特定用户的特定信息需求与特定文献的特定内容联系起来的服务。①《中国大百科全书》第二版对于参考咨询的解释为:图书馆员对读者在利用文献信息和寻求知识、信息方面提供帮助的活动,以协助检索、解答咨询和专题文献报道等方式向读者提供事实、数据和文献信息线索,是发挥图书馆信息服务职能、开发信息资源、提高文献资源利用率的重要手段。

参考咨询服务是图书馆的重要服务内容。许多图书馆设有专门的参考咨询部门,集中参考工具书和检索工具书等建立参考馆藏,配备具有一定专业知识和熟悉检索工具的专职参考馆员开展此项工作。

基本工作内容包含:指导读者合理使用图书馆的各类信息资源,为读者提供咨询服务,进行读者信息素养教育。网络环境下的参考咨询呈现以计算机、网络检索为主,多种形式并存的多元化局面,服务方式主要有到馆咨询、电话、信函、E-mail、网络电话、Web 主页、FAQ(常见问题解答)、BBS、实时咨询、计算机专家咨询、网络协同咨询等。

图书馆很早就开展了参考咨询服务,一般认为,比较正规的参考咨询服务是 19 世纪下半叶最早在美国公共图书馆和大专院校图书馆开展起来的。1876 年伍斯特(Worcester)公共图书馆馆长塞缪尔·格林(Samuel Swett Green)在美国图书馆协会第一次大会宣读的题为《图书馆员和读者之间的个人关系》(The Desirableness of Establishing Per-

---

① 王磊. 新媒体环境下的图书馆参考咨询服务——以国家图书馆为例[J]. 国家图书馆学刊,2012(5)

sonal Intercourse and Relations Between Librarian and Readers Personal in Popular Libraries)一文中提出图书馆对要求获取情报资料的读者应给予个别帮助。此文被视为关于图书馆开展参考咨询服务的最早倡议。1883 年波士顿公共图书馆首次设置了专职参考馆员职位和参考阅览室。1884 年,麦威尔·杜威在哥伦比亚使用了"参考咨询馆员"这个术语。1891 年,在图书馆学文献中出现了"参考工作"这一术语。此后参考咨询服务理论逐渐被图书馆界接受。① 20 世纪初,多数大型图书馆成立了参考咨询部门。当时的参考咨询服务主要是利用图书馆的书目工具来帮助初到馆的读者查找图书、期刊或提供现成答案。随着文献的激增和读者需求的增长,逐渐发展到从多种文献源中查找、分析、评价和重新组织情报资料,到 40 年代又进一步包括回答事实性咨询,编制书目、文摘,进行专题文献检索,提供文献代译和综述等。50 年代以后,图书馆利用电子计算机和现代通信技术建成各种文献数据库、数值数据库和事实数据库,并逐步实现了联机检索和网络化,使参考咨询服务中的部分工作自动化,称为"机助参考工作"。

　　1928 年 9 月北海图书馆在阅览部下设参考科,后改称参考组。1929 年该馆并入国立北平图书馆仍设参考组。随后国内一些图书馆陆续开展了参考咨询服务,如:1933 年,江苏省镇江图书馆设立参考室;1939 年,安徽省立图书馆也设立咨询处,开展咨询服务,并陆续编纂了大量书目索引。此时参考咨询多被称为书目参考。50 年代以后,参考咨询服务范围不断扩大,到 60 年代初成为中国省市公共图书馆和专业图书馆的重要服务方式,这些图书馆为配合科学研究编制了大量专题书目索引。80 年代还开展了定题情报检索服务,北京图书馆(今国家图书馆)、上海图书馆等相继开展了提供情报资料、开辟科学文献检索室、评介情报源等工作,力求加强自身的情报职能。② 2000

①　谢志佐. 图书馆参考咨询服务的历史及发展趋势研究[J]. 新世纪图书馆, 2003(5)
②　《中国大百科全书》数据库。

年,张晓林在《中国图书馆学报》上发表了一篇题为《走向知识服务：寻找新世纪图书情报工作的生长点》的文章,正式提出图书馆知识服务理念,知识服务代表了图书馆参考咨询工作的最新发展方向。

参考咨询服务包括快速咨询、文献传递、专题咨询等内容。

4.1 快速咨询

4.1.1 类型

快速咨询业务主要包括：到馆快速咨询服务、非到馆快速咨询服务两种,非到馆咨询服务又包含电话咨询、邮件咨询、表单咨询以及利用网络实时通讯工具的在线咨询等。

到馆快速咨询指面向到馆读者提供咨询服务,快速引导读者或解答读者提出的问题,并对咨询问题进行过滤和分流。一般通过咨询台来完成,负责解答读者的简单咨询问题,如通过介绍图书馆相关规定、规则和方法,馆区方位指引、馆藏布局分布指引、OPAC 使用辅导及其他图书馆日常服务内容(如讲座、展览、培训等活动)的咨询解答工作,指导读者使用图书馆的馆藏与服务。

非到馆快速咨询指借助电信、计算机网络技术,为远程读者提供咨询服务,通过快速引导读者或解答读者问题,对咨询问题进行过滤和分流。包括通过指引引导读者找到解决问题的部门和部位；通过介绍相关规定、规则和方法,指导读者使用图书馆的馆藏与服务。根据通信的载体不同,非到馆快速咨询一般又分为电话快速咨询和网络快速咨询。

4.1.2 注意事项

读者一般都是通过快速咨询服务开始接触和利用图书馆的,对图书馆的第一印象形成也始于此,因此,图书馆对于从事快速咨询工作

的图书馆馆员的要求也会较高。在具体的服务工作中,一般要注意以下几点:

(1)馆员回答读者的咨询要礼貌亲切、用语规范、措辞准确精练、突出重点。

(2)搜集整理必备资料作为工作的依据,提供的资料要准确可靠,信息的更新要及时准确。

(3)指向性咨询应按照本馆关于对外服务部门的职责范围、分布地点和关于馆外文献收藏和服务单位的文件内容,迅速将读者指向能为其解决问题的部门和单位。馆内藏书和服务部门位置的指向要以本馆路标及导向图为基准,确保读者以最佳路线顺利到位。

(4)指导性咨询要按照本馆的相关规定,熟练指导读者使用本馆的馆藏目录、OPAC 等。

(5)阅览室咨询辅导应熟悉本室馆藏范围、重要藏书的内容及来源以及本室收藏文献的馆内外分布情况。

(6)需要通过提供较多文献解答的咨询或涉及较深的专门文献和知识咨询,应及时转接给相关部门。转接要一次到位,形成"闭环"。

(7)做好档案的管理和统计工作,对咨询问题的内容特点、用户需求行为等定期分析。

4.2 专题咨询

专题咨询是指用户为解决某些复杂的问题,需要查询大量的数据资料,从而委托图书馆查找、收集、提供所需的数据和文献资料。它是针对个人用户和机构用户的独特的信息需求,围绕某一专题,将分散在各种载体中非系统的信息提取出来进行筛选、综合、分析、归纳,提供有针对性的信息。服务的关键是了解读者需求,它既是一种个性化服务,又是一种信息服务,所提供的服务不是千篇一律,而是各取所需、各得其所,是图书馆最具人性化的服务形式之一。专题咨询按照咨询类型的不同,一般可以分为事实性查询、专题检索、定题跟踪、文献综述、法律文献咨询等几种形式。

专题咨询由于其咨询内容的专业性,内容往往涉及一定的专业知识,因此要求咨询馆员除了具备必需的图书馆专业知识以外,还要具备一定的学科背景。尤其是在科技专题咨询领域,对于咨询馆员的专业背景要求尤为突出,一个文科专业背景的咨询馆员基本上很难完成一个科技专题咨询项目。

4.2.1 类型

专题咨询按照咨询类型的不同,一般可以分为事实查询、文献检索、定题跟踪、文献综述等几种形式。

1. 事实性查询

是以某一客观事实为检索对象,查找用户所需要的描述性事实。凡是查询某一事物(事件)的性质、定义、原理以及发生的时间、地点、过程等,都属于事实检索的范畴。事实检索的结果主要是客观事实或为说明客观事实而提出的数据。如:根据用户需求,查找包含在一种或多种资料中的具体信息,包括某一事件、人物、图片、典故语录、事物起源、法规法条、统计数据等。

2. 专题检索

根据用户的需求,提供某一特定主题,在用户指定的年代范围和文献范围内进行专业检索,为用户提供相关文献的文摘、编制目录或文献资料汇编。如:根据用户需求,围绕一个主题查找中外文图书、报刊以及数字资源中的相关资料,为用户提供哲学、政治、军事、经济、法律、历史、文化教育、文学艺术等各个领域的书目索引和文献资料汇编。

3. 定题跟踪

又称"定题情报服务""跟踪服务""对口服务"。一般围绕一定的科学研究和生产项目开展,针对固定的用户定期提供有关文献信息的服务工作。

定题跟踪的特点是主动性、针对性和有效性。开展定题跟踪服务,首先应该明确用户确定的信息需求,其次要对用户的需求进行深入的调查研究,了解用户目前的研究进展情况、技术上存在的关键问题和实际生产中遇到的困难,了解直接使用文献信息的生产和科研人员的具体需求以及他们的专业知识、外文水平和掌握文献的情况;还要制定专题文献的查找、搜集、提供的方案,配合用户的需求,做好文献信息的支撑与保障工作。

4. 文献综述

文献综述是就某一学科或专题在一定时间内所发表的大部分原始文献中有价值的文献信息进行综合的叙述和评论所编写成的文章。目前有广义和狭义两种观点。广义的观点认为,文献综述是对某一特定学科或专题的文献进行搜集、整理、分析研究的基础上撰写出的关于某学科或某专题的文献综述。它对相关文献群进行分析研究,概括出该学科或某专题的研究现状、动态以及未来的发展趋势。综述不仅要对相关文献分析、研究、综合,而且也进行评论、预测,提出编者的见解和观点。狭义的观点认为,文献综述是对某一时期内的某一学科、专题研究成果或技术文献综述"叙而不议""陈而不述",只是客观地压缩和综述已有的研究成果,并把它作为情报研究或情报综合的一种表现形式。

根据文献综述的内容深度及侧重特点,一般可分为叙述性综述、事实性综述、评论性综述、预测性综述等。

4.2.2 专题咨询服务流程

传统意义上的专题咨询的服务步骤一般分为六步,分别是:咨询受理、课题分析、信息检索、咨询答复、整理归档、跟踪反馈。

1. 咨询受理环节

咨询受理环节目的是要确认和提炼用户的信息需求,一般通过以下步骤来完成:

● 倾听。尽可能详尽地了解用户的需求,让用户充分表述自己的信息需求。

● 提问。通过提问,了解用户咨询的目的、咨询结果的用途、用户前期已有的线索及已掌握资料等内容。

● 简介相关资源。咨询馆员通过与用户的交流,形成文献检索的初步思路,大致掌握专题咨询所需的文献范围,并把需要用到的参考信息源向用户说明,由用户进行选择。

● 确定范围。经过双方沟通,最终确定参考信息源的范围。

● 服务约定:确定专题咨询的完成时间以及交付形式等内容。

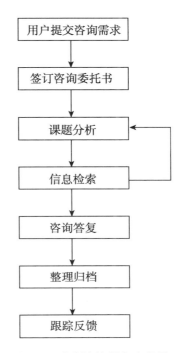

图 4－1　专题咨询服务流程图

● 签订协议。一般根据图书馆提供的格式合同,再次确认双方的权利义务,并签订专题咨询委托协议。协议内容主要包括:委托人的相关信息及联系方式、委托课题名称及具体要求、课题承接部门及联系方式、课题收费情况、课题委托及完成日期、课题交付形式等内容。

2. 项目分析环节

● 用户需求分析与研究。进一步对用户的需求内容进行分析,更深入了解、更准确把握用户的信息需求,明确用户专题咨询项目的背景及检索目的。对于专业背景较强的专题咨询项目,要了解相关的专业术语的确切含义。

- 制定初步检索策略。在对用户需求的进一步梳理之后,根据专题咨询委托协议中确定的信息源范围,根据文献种类、来源、载体的不同,选择检索点和检索方法,形成初步的检索策略。

3. 信息检索环节

在对课题经过分析之后,进入信息检索的环节,信息检索是专题咨询服务中的核心环节,信息检索方法的优劣在一定程度上决定了专题咨询的质量和效率。

信息检索可以有多种分类方法,比如按检索对象可以分为文献检索、数据检索和事实检索,这三种信息检索类型的主要区别在于:数据检索和事实检索是要检索出包含在文献中的信息本身,而文献检索则检索出包含所需要信息的文献即可。再如按检索手段可以划分为手工检索、机械检索和计算机检索。现在发展比较迅速的并且普遍运用的是计算机检索,即"网络信息检索",也即网络信息搜索,是指互联网用户在网络终端,通过特定的网络搜索工具或是通过浏览的方式,查找并获取信息的行为。还可以按照检索途径分为直接检索和间接检索,按信息载体分为文献信息检索和非文献信息检索等。

信息检索方法主要包括普通法、追溯法和分段法。普通法是利用书目、文摘、索引等检索工具进行文献资料查找的方法。运用这种方法的关键在于熟悉各种检索工具的性质、特点和查找过程,从不同角度查找。普通法又可分为顺检法和倒检法。顺检法是从过去到现在按时间顺序检索,费用多、效率低;倒检法是逆时间顺序从近期向远期检索,它强调近期资料,重视当前的信息,主动性强,效果较好。追溯法是利用已有文献所附的参考文献不断追踪查找的方法,在没有检索工具或检索工具不全时,此法可获得针对性很强的资料,查准率较高,查全率较差。分段法是追溯法和普通法的综合,它将两种方法分期、分段交替使用,直至查到所需为止。

根据前期确定的检索策略,针对用户的问题及要求,使用电子型和印刷型文献资源检索与查询所需的专题文献,进行文献信息检索,检索与编制专题文献要尽量全面、准确。根据检索情况,对检索结果进行筛选,进一步缩小检索范围,然后再对检索结果进行甄别,去伪存真,并对专题文献信息进行分类、整理、排序后,形成咨询结果。最后再把咨询结果按照与用户约定的提交方式进行加工整理,并最终提交给用户。咨询结果要在搜集、阅读大量专题研究文献的基础上,经过归纳整理、分析研究,最终形成咨询报告。格式上要求排列有序,内容上准确无误。在信息检索的过程中,有两个环节需要注意,一是在检索的过程中要不断地优化检索策略,根据检索的实际情况,对检索策略要不断地修正,达到最佳的效果。二是在检索的过程中,对于检索结果中发现的可能是用户需求的信息要及时和用户进行沟通,不断挖掘用户的隐形信息需求。

4. 咨询答复

咨询结果形成后,要把咨询结果向用户进行反馈,咨询结果一般分为以下两类:咨询结果比较明确,可以向用户提供具体事实资料、原始文献资料、文献检索报告或证明;检索结果不明确,则可以向用户提供文献线索,指引或转介用户到能够满足用户需求的单位。无论咨询结果能否达到用户的要求,向用户提交的咨询结果都要客观、准确。

5. 整理归档

为保证咨询记录的完整,需要对咨询过程进行记录和整理归档,档案分为原始记录型档案和工作记录型档案。

6. 跟踪反馈

跟踪反馈的目的是为了追踪用户需求的动态变化,积累阶段性总结的原始素材,同时也可对服务的满意度进行调研,以期改进和提高。做好跟踪反馈要明确三点原则:一是应及时跟踪并建立用户回访档案;二是要及时处理和响应反馈信息;三是注意回访策略因用户而异。

4.3 科技查新

科技查新是指具有查新业务资质的查新机构根据查新委托人提供的需要查证其新颖性的科学技术内容,按照《科技查新规范》(国科发技字〔2000〕544 号)进行操作,并做出结论(查新报告)的过程。

开展科技查新业务,一般需要用户提交《科技查新委托单》,查新员根据委托单中的项目科学技术要点、查新点和查新要求,根据《科技查新规范》的相关规定,结合查新项目的特点,选用合适的检索工具和检索策略,通过系统的文献检索和对比分析,形成二级查新结论(科技查新报告)。科技查新业务一般服务于科研项目的开题立项,申报各级各类科技计划、基金项目,申报科技成果奖励,新产品开发计划,科研成果的鉴定、验收、评估、转化,技术引进活动以及其他需要进行查新的项目。根据查新项目需要查询的资源范围,可分为国内查新与国内外查新两种。

4.3.1 科技查新机构与查新人员

1. 查新机构

具有查新业务资质,可根据查新委托人提供的需要查证其新颖性的科学技术内容,按照科技查新规范操作,有偿提供科技查新服务的信息咨询机构。

2000 年 12 月发布的《科技查新机构管理办法》和《科技查新规范》中要求科技查新要由具备一定信息资源基础与相应查新咨询资质人员的科技信息咨询机构承担。要求申请科技查新业务资质的信息咨询机构应当具备下列条件。

- 具有企业法人或事业法人资格;
- 具有 15 年以上与查新专业范围相关的国内外文献资源和数据库;

- 具备国际联机检索系统;
- 有 3 名以上(含 3 名)取得科技查新资格的专职人员,其中具有高级专业技术职称的不少于 1 名;
- 有健全的内部规章制度。

2. 查新员、查新审核员

查新员由参加科技查新专业培训并取得查新员资格证书的人员担任。未获得查新员资质的咨询人员不得独立参与和完成查新工作,但可以和其他查新员一起参与查新工作并署名。查新审核员原则上要求由具有高级专业技术职称,参加科技查新审核专业培训并取得查新审核员资质证书的人员担任。

查新员、审核员应当具备以下的条件:

- 具有良好的职业道德和认真负责的职业态度。
- 具备相关的专业知识和较宽的知识面。
- 具有较丰富的文献咨询业务知识和熟练的文献检索与分析能力。
- 具有一定的计算机操作技能和网络查询能力。
- 具备较高的外语水平,能快速阅读外文文献,抽提、扩充检索词。
- 具有硕士(含)以上学历或本科(含)以上学历需具有中级(含)以上技术职称;中级以下技术职称或从事查新工作不满一年的人员,按规定不具备单独出具查新报告的资格,可在查新员或审核员的指导下参与查新业务,进行检索、翻译、文献资料整理等辅助性的工作。
- 查新审核员除了具备上述条件以外,还应具有三年以上与查新业务相关的工作经历和具有高级专业技术职称。
- 查新员、查新审核员应当接受有关机构组织的科技查新培训,并应参加有关专业的继续教育培训,通过相应的业务考核后才能上岗。

4.3.2 科技查新服务流程

1. 查新业务受理

查新员在同用户初步接洽后,需要判断查新项目所属专业是否属于本馆承担查新业务的受理范围,如不属于,可建议用户到其他查新机构查询。

如属于本馆业务受理范围,查新员则需要同委托方进行细致的沟通,双方一同确定查新内容的创新点、提供资料的完整性、查新要求的合理性以及查新费用与实践安排。双方确认无误后,由委托方填写《科技查新委托单》,经双方签字或盖章生效。

2. 文献检索

首先要确定国内外文献检索资源、检索时限,选择相应的检索数据库或检索工具书。文献检索要全面准确,尽可能使用数据库的专业检索功能,优先使用网络数据库,以联机检索和纸本文献手工检索进行适当补充。

在检索前,查新员要认真、仔细地阅读查新项目的资料,分析查新委托人提出的查新点与查新要求,了解查新项目的背景和科学技术要点,明确检索目的,做到心中有数。对专业生疏的项目切忌盲目检索,查新员可以通过查阅相关的专业工具书、综述性文献或向委托人咨询了解查新项目的相关知识和相关术语的确切含义。

在完成了以上检索准备后,要根据委托人提供的使用文献情况,确定检索范围,选择检索词和构造检索式。

在检索的过程中,要根据检索情况不断地调整检索策略,除检索词之间的逻辑组配外,还要考虑检索式与检索词之间、检索式之间的可能组配,通过扩展和限制检索的不断交替进行,最后检索出相关度较高的文献。在实际检索过程中,虽然经过多次调整,也常常会出现检索结果仍不理想的情况,还需要查新人员进一步检验和调整检索策略,以期得到相关度较高的文献。

最后,要针对查新委托书中的查新点和科学技术要点逐条对选中的相关文献进行对比分析。要针对查新点进行定性、定量分析,要尽量做到同层级对比,对比分析所用资料来源和数据要准确;对于相关度高的文献,不能漏引。

3. 撰写查新报告

查新报告是查新机构用书面形式就查新事务及其结论向查新委托人所做的正式陈述。撰写查新报告必须采用科技部规定的统一格式,内容及提交的时间和方式符合查新委托双方的约定。

查新结论应当客观、公正、准确、清晰地反映查新项目的真实情况,应当包括相关文献的检出情况、检索结果与查新项目的科学技术要点的比较分析、对查新项目新颖性的判断结论。

查新结论的措辞要严谨、确切、文风朴实、言简意赅。查新报告应当采用描述性写法,使用规范化术语,文字、符号、计量单位应当符合国家现行标准和规范要求,结论中的内容均需有相关文献依据。

查新报告封面及查新机构等项目须如实填写,不得空缺。查新报告内文栏目包括以下部分:

- 查新的目的;
- 项目的科学技术要点;
- 查新点与查新要求;
- 文献检索范围及检索策略;
- 检索结果;
- 查新结论及科技查新业务签章;
- 查新员与审核员声明与签字;
- 附件清单;
- 备注。

报告编号：201*-11-A13-000**

科 技 查 新 报 告

项目名称：*****************影响研究

委托单位：湖北*****

委托日期：20**年*月*日

查新机构（盖章）：****************

查新完成日期：20**年*月*日

中 华 人 民 共 和 国 科 学 技 术 部

二〇〇〇年制

图 4－2　查新报告封面图

查新项目名　　称	中文：				
	英文：				
查新机构	名　　称	*************科技查新中心			
	通信地址	*********		邮政编码	
	负 责 人		电话		
	联 系 人		电话		
	电子信箱		传真		

一、查新目的

申报科研计划

二、查新项目的科学技术要点

三、查新点与查新要求

查新要求：国内外公开发表文献范围内查新

四、文献检索范围及检索策略

文献检索工具：

主要检索策略：

五、检索结果

使用以上检索策略，在相关数据库中检索到相关文献多篇，对照查新点现对其中具有代表性的***篇文献概述并分析如下：

六、查新结论

查新员（签字）：　　　　查新员职称：

审核员（签字）：　　　　审核员职称：

（科技查新专用章）

年　月　日

-1-

七、查新员、审核员声明

（1）报告中陈述的事实是真实和准确的。

（2）我们按照科技查新规范进行查新、文献分析和审核，并做出上述查新结论。

（3）我们获取的报酬与本报告中的分析、意见和结论无关，也与本报告的使用无关。

查新员（签字）：　　　　审核员（签字）：

年　月　日　　　　年　月　日

八、附件清单

九、备注

1. 本查新报告相应位置未加盖“查新机构章”、“科技查新专用章”无效；
2. 本查新报告未加盖骑缝章无效；
3. 本查新报告未经查新员和审核员签字无效；
4. 本查新报告涂改、部分复印无效。

-2-

图 4－3　查新报告内文图

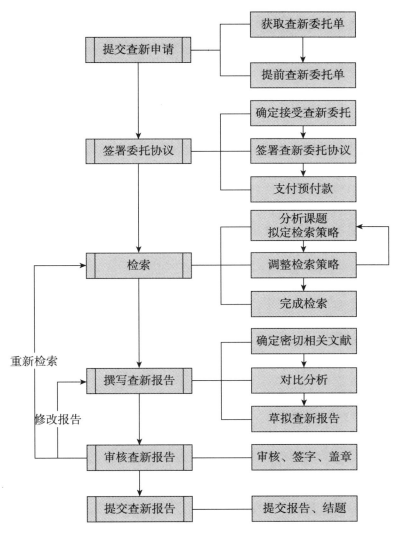

图 4 - 4　科技查新流程图

4. 审核查新报告

审核工作的目的是确保查新报告客观、公正、准确、清晰地反映查新项目的真实情况。

查新报告必须经过查新审核员审核,根据审核意见修改之后才能定稿。

查新报告审核的主要内容:

- 查新程序的规范性;
- 对查新项目的科学技术要点的审查;
- 对查新范围、关键词、分类号、检索式的审查;
- 对检索结果中所列示的相关文献及其对比分析的审查;
- 查新结论的审核;
- 对查新报告的文字表述和版面格式审查。

5. 提交查新报告

报告定稿后,由审核员和查新员分别签字,并加盖查新专用章。一般一式两份提交给用户,如有特殊要求,可增加份数。

结题后查新员需要将查新委托单、查新报告审核稿、查新报告终稿、工作过程记录(如往来邮件)、查新项目的资料、附件、专家咨询意见等进行归档。

4.4 信息查证

信息查证又称文献信息查证,指的是图书馆接受用户的委托,通过对文献信息的检索、核实、比对等方式,对文献信息内容的质量及可信度进行评估,最终提交给用户书面证明的一种参考咨询业务形式。

信息查证服务为用户申报教育科学基金、机构学术水平评估、个人职称评定等工作提供客观、准确的依据,也为公司企业进行商标或品牌知名度证明,为其进行知识产权保护提供客观材料。

4.4.1 类型

信息查证业务具有规范性、严谨性的特点。按照业务内容的不同,信息查证业务大致可以分为文献收录引用查证、馆藏文献复制证明、专题检索证明(商标或品牌信息查证)等三种形式。

1. 文献收录引用查证

文献收录引用查证是指图书馆接收用户的委托,对用户公开发表的论文和著作在 SCI、EI、ISTP、CSCD 等国内外著名检索工具中的收录和引用情况进行查证并出具检索报告,为用户申报各类教育科研基金、机构学术水平评估和个人职称评定等工作提供客观、准确的依据。

基于用户委托的目的,文献收录引用查证一般不给用户出具未收录、无引用结论的咨询报告。

2. 专题检索证明

专题检索证明主要是商标或品牌的信息查证,指根据用户需求,对用户指定的商标、品牌、公司名称、产品等在国内外文献中的报道情况进行检索,并为用户出具检索证明的业务方式。目的主要是为用户收集商标或品牌的相关信息,针对知识产权的侵权、维权,满足用户知识产权保护等需求。其信息检索的范围一般都限定为中外文报刊。

3. 馆藏文献复制证明

根据用户需求,检索并提取用户制定的馆藏文献,复制用户指定的文献内容并出具证明。主要为用户解决知识产权等纠纷提供帮助。

4.4.2 业务流程

(1)接受用户委托申请。用户提交咨询需求,咨询馆员通过沟通明确检索目的和检索要求,指导用户填写委托申请单。

(2)签署委托协议。咨询馆员与用户沟通后,确定接受委托,签署委托协议。

(3)收取预付款,建立咨询工作单。

（4）文献信息检索。选择数据库,制定检索策略,完成检索。

（5）对检索出数据进行统计,制作检索报告或检索证明。

（6）提交审核员审核,审核员审核无误后出具报告。

报告的撰写要注意以下几点:

- 根据委托单中用户的检索要求进行叙述,将检索要求全部写清楚,包括委托人、关键词、检索工具、检索年限、检索要求等。

- 填写证明内容部分,每项内容必须如实客观填写,不能按用户要求随意修改咨询报告模板或内容,更不能在用户起草的材料上直接盖章。

- 附件中包含对于检索结果的数据支持,是检索报告中不可或缺的部分。附件清单中复印的内容必须含有索取号或条码号,以保证原件确为图书馆馆藏所有。

（7）提交检索报告。

（8）咨询档案的整理、归档。

4.5　媒体监测

媒体监测是指对报纸、刊物、网络等各种媒体中特定内容的集中收集、整理、加工和分析,并形成分析报告的一种服务形式。媒体监测服务为企业、政府机构和其他各种组织单位及时掌握媒体信息从而促进科学决策提供重要参考,也是广告、公关和营销活动效果的重要衡量依据。

媒体监测是一个广义的概念,针对监测范围的不同,又有具体不同的名称。如:对纸质媒体的监测俗称剪报;对互联网的监测,被称为互联网监测;对广播电视等媒体的监测,又称为电视监测和广播监测。针对监测的内容及用途不同,也有不同的名称。如:针对广告投放情况的监测,称为广告监测;对新闻内容的监测,则称为新闻监测;用于监测媒体上出现的能够帮助政府更好决策的信息,又称为"舆情监测"。

图书馆作为全社会文献信息资源的汇集之地,具有丰富的馆藏资源,这是其开展媒体监测服务的前提条件。图书馆的媒体监测服务最早开始于报纸剪报服务,上世纪90年代,各图书馆先后开展了剪报服务。深圳图书馆于1992年成立剪报中心,广东省立中山图书馆于1994年成立金讯剪报组,国家图书馆于1998年成立剪报中心。剪报服务的发展扩大了图书馆参考咨询服务的边界,随着信息技术和网络技术的发展,纸本剪报也逐渐向电子化、网络化的方式转变,利用网络信息平台进行媒体监测服务已经成为现在图书馆服务的主流。目前,全国大部分省级及较大城市的图书馆都向用户提供媒体监测的服务。

4.5.1 舆情监测

舆情监测是媒体监测的一种,指根据用户个性化信息需求,动态监测国内外平面媒体、广播电视、门户/行业网站、网络社区/论坛/BBS、微博客、SNS社交网站等信息源,通过定性与定量相结合的方式,展现用户所关注的舆情态势,并给用户提供综述性的舆情报告的一种信息服务方式。

舆情监测一般可以分为以下三种类型。

1. 长期舆情分析

对用户所关注的事件进行持续监测,通过定性与定量相结合的方式展现用户所关注的舆情态势,并以周、月、季、年等不同周期内的舆情动态做出阶段性的分析评估。

2. 行业舆情分析

对用户所关注的领域进行持续监测,通过定性与定量相结合的方式展现该领域的舆情态势和热点事件排行,并以月、季、年等不同周期内的舆情动态做出阶段性的分析评估。

3. 事件舆情分析(突发事件舆情分析)

对舆情热度较高的事件进行有针对性的综合分析,从事件的简要介绍、发展脉络、网络反响、深层原因等角度加以解读,客观与全面地展示其发展趋势、分布、传播链。同时可根据用户的具体需求,提供舆情监测预警、内容分析和应对服务。

4.5.2 媒体监测业务流程

(1)接洽。

(2)签订服务协议。

(3)制订计划。

(4)信息收集与整理。

- 信息收集;
- 信息初步筛选;
- 信息判断与加工。

(5)撰写媒体监测报告。

(6)提交媒体监测报告。

(7)归档。

(8)客户跟踪回访。

4.6 情报研究

情报研究,也称"情报调研服务"或"决策咨询服务",即根据用户的特定需要,为用户搜集、处理、研究和提供情报信息。它将搜集的大量的一次和二次文献进行分析研究,归纳整理,用综述、述评、研究报告、设计方案、预测等形式的研究成果提供给用户。它是一项专业性、学术性、政策性很强的智力型情报服务。

情报研究有三项功能:①综合功能,指情报研究可通过对大量相关情报的整理、分析与综合,获得高度浓缩的系统化的情报资料,使情报用户节省查找和阅读文献的时间和精力。②预测功能,根据科学技术及社会、经济在过去一段时间内的发展、演变情况和目前存在的问题,通过情报研究和预测研究,预测未来的发展趋势和可能产生的影响,为决策研究提供依据。③决策功能,指通过情报研究、预测研究和决策研究为决策提供方案和对策,为决策者服务。

4.6.1 业务流程

1. 用户需求调查分析
- 调查分析用户需要什么内容、形式、范围和期限内的信息。
- 对用户需求的主题内容特点进行分析,了解其需求所属学科专业、领域及其具体的内容主题。
- 对于用户需求可通过用户的表达形式从总体上进行分类,然后再加以分析研究,目的是减少和消除用户未意识到的需求和未表达出来的需求。
- 对用户获取信息的方法和习惯进行归纳、分类和汇总,并通过评价确定用户需求的优先级别。

2. 服务方案的制订
根据用户需求内容和现有的资源制订服务方案,将方案告知用户,并在方案实施的过程中不断与需求者沟通,介绍项目进行的现状以及及时增加新的需求内容。主要包括:
- 信息源:根据用户需求对不同载体的信息源进行评估,选择具有全面性、客观性、系统性、新颖性、针对性等特点的信息源来设计监测路线。
- 服务策略:根据用户需求确定监测范围、监测时间以及具体的监测方法。
- 监测范围:可利用情报搜集范围模型确定监测范围。
- 监测时间:确定各信息源的监测时间,掌握最佳时机。
- 监测方法:根据信息源的特点选取一种(或几种)适合的监测方式,主要包括系统检索法、追溯检索法、浏览检索法等。

3. 组建服务团队

确定该服务方案由哪个部门或人员来负责执行,对项目目标进行细化以组织分工,并且对可能出现的问题提前提出应对措施。

4. 项目制作

- 信息监测:按照项目的要求进行有效信息的收集。
- 信息分类:对监测到的信息按照承载信息的载体、使用方向、内容线索或部分要点进行分类整理;
- 信息整理:按照内容角度对信息进行再处理,通常包括信息内容的理解、揭示和按内容细分归类。
- 信息研判:对不同信息源监测到的信息进行比较、核查、专家评估,鉴别信息的优劣,以估测其水平价值,从中筛选出有价值的信息,对某些不符合项目要求的信息进行淘汰。
- 信息分析:运用一定的分析方法和手段,对搜集的、获取的大量零散的信息进行深入研究,透过各种关系交织而成的错综复杂的表面现象把握内容本质,通过集中、比较、重新组合而获取有价值的情报产品。
- 情报产品:通过搜集、整理、分析与预测而形成的完整的、适宜传递给最终用户的产品以一定方式记录于载体之上,形成对竞争战略的制定有决策支持作用的信息产品。

5. 服务评价与用户反馈

- 服务评价:对情报产品的价值和使用价值进行衡量和评判的过程,通过对其进行评价,发现服务存在的问题,从而改进和提高产品的质量。
- 用户反馈:定期对用户开展问卷调查和实地访谈,从用户方面获取项目开展的情况、优点、问题,从而改进和提高产品质量,满足用户需求。

4.6.2 行业参考

行业参考是指围绕某个学科、专业或领域,定期对涉及宏观政策环境、市场营销环境、供求情况、广告宣传情况、市场竞争情报的相关信息进行收集、评价、组织、存储、研究,目的是为各种宏、微观市场管理和开拓活动提供对策建议。

4.6.3 决策参考

决策参考是指通过对用户及信息需求进行研究,针对用户的特点设计个性化服务方案。按照方案,对分散在不同载体上的信息进行收集、评价、组织、存储、研究,将高整合性、高价值的信息产品与服务及时传递给用户,帮助用户就某个特定问题或需求形成某种决定。决策咨询服务一般由信息资源、信息使用者、技术实现手段以及信息管理水平等众多要素组成。

5　延伸服务

　　图书馆延伸服务一般是指图书馆在传统服务的基础上,利用各种技术手段和服务方式,延长图书馆服务的触角,凭借自身的文献信息资源开发和信息传递优势,将自己的功能发挥到最佳效果。其目的是在内涵上强化服务功能,提升服务能力,在外延上扩大服务空间范围,在更大的范围主动为读者服务,进行服务创新,从而不断提升图书馆的行业形象和社会公共形象,实现图书馆公共利益最大化的目标。①

　　各类图书馆都进行了许多有益的探索,在管理体制、服务区域、服务内容、服务手段等方面都开展了延伸服务,并取得了一定的成绩。目前图书馆开展较多的延伸服务主要有总分馆制、一卡通图书馆联盟、流动图书馆、自助图书馆、移动图书馆等形式。

5.1　总分馆制

　　总分馆制是我国公共图书馆实现区域内公共文化服务均等化的主要模式之一,是我国图书馆界采用比较多,也是效果最好的图书馆延伸服务方式之一。一般来说,总分馆制是以一个较大的图书馆为中心,联合其他规模、服务范围较小的基层图书馆,通过统一管理、统一平台、共享资源,发挥各馆资源、人才、技术、设备等方面的优势,建设一个布局合理、机构优化、资源共享的图书馆延伸服务体系。

　　目前来说,总分馆制的建设已呈多元化发展态势。在公共图书馆

---

① 　熊太纯.图书馆延伸服务的回顾与发展[J].图书馆建设,2011(10)

系统,总分馆制的典型模式有以下几种:

(1)"苏州模式"。苏州图书馆的分馆建设,由合作方提供馆舍及设备,承担水电物业费用,并每年向苏州图书馆支付一定人员和购书经费。苏州图书馆作为总馆提供初始馆藏资源并负责更新调配、委派工作人员负责分馆开放。所有分馆都实行通借通还服务。

(2)"东莞模式"。在不改变原有图书馆行政隶属关系的情况下,实施总分馆制。东莞图书馆总馆负责东莞地区公共图书馆文献资源的采购、编目、分类、标引、加工等工作,同时指导和协调读者服务工作。各分馆专门负责读者服务工作。总分馆之间实行文献通借通还服务。

(3)"厦门模式"在分馆建设模式上积极探索适应本地区情况的多种类型分馆并存的建设模式,经多年的实践,目前已初步形成由直管型、联办型、加盟型和托管型等四种分馆类型构成的总分馆模式,初步建立起符合厦门特色的城乡一体化公共图书馆服务体系。①

5.2 一卡通

一卡通换,实现信息资源共享及文献通借通还的一项图书馆延伸服务方式。"一卡通"服务实现了参与馆之间的文献信息资源共享,方便了读者。

读者只要持有任何一个成员馆的读者卡,就拥有所有成员馆的服务承诺,可以对所有成员馆的书目信息、馆藏信息、流通信息、读者借阅信息,以及共享的数字化资源进行检索阅读,实现外借文献通借通还。

"一卡通图书馆联盟"的建立,实现了图书馆从传统服务向现代服务的转变,改变了图书馆的单馆服务、馆内服务、封闭服务、资源自享和

---

① 邱晓东. 公共图书馆总分馆服务体系建设思考[J]. 江西图书馆学刊,2012
(3)

服务管理及业务建设不统一状况,开创了"分开合作、资源共享、联合服务、整体发展"的新局面,服务领域和服务范围进一步扩大,实现了一卡在手,通借通还的服务格局,图书馆的整体效能得到了极大发挥。

5.3 自助图书馆

自助图书馆(Self-library)又称为"无人值守图书馆",是图书馆业务自动化处理的组成部分,也是近几年国内外图书馆行业兴起的一种现代化服务方式。它利用网络通信、计算机、门禁监控等技术,为读者提供智能化程度较高的图书借还服务。在自助图书馆里,读者借还图书无需图书馆工作人员协助,完全由自己完成。自助图书馆是图书馆服务工作的延伸和延续,不但解决了读者借还书受开馆时间制约的问题,同时也体现出图书馆人性化的服务理念,更提升了图书馆的服务形象和服务档次。

自助图书馆的服务方式是从读者角度考虑并设计的。首先,读者不受开馆时间的限制,任何时间都可以到馆借阅图书。其次,读者可随意索取和摆放图书,不受图书分类排架的限制,感受借阅环境的宽松自由。最后,读者在借还图书时,完全由读者自己操作,不需要工作人员干涉,从而保护了他们的隐私,为其营造出一种自然舒适的服务环境。①

自助图书馆的形式比较多,有的图书馆在馆舍内放置自助设备代替人工进行借还书服务,有的图书馆则开辟出专门的区域用于提供 24 小时的自助服务,有的则利用 ATM 设备把图书馆送到社区和街头。深圳市图书馆利用 24 小时街区自助图书馆把深圳图书馆的服务送到了读者的家门口。

自助图书馆由于其实用性受到读者的欢迎,图书馆也推出了一系

---

① 李欣. 关于自助图书馆的几点思考[J]. 图书馆学刊,2010(11)

列的自助服务,如读者卡自助办理,文献的自助复印、扫描等。随着技术的不断进步,相信越来越多的自助设备会进入到图书馆。

图 5 - 1　深圳图书馆 24 小时街区自助图书馆

5.4　移动图书馆

　　移动图书馆是指以手机、PAD 等便携移动终端为媒介访问和利用图书馆文献信息资源的一种服务方式。

　　目前移动图书馆的服务基本包括短信服务、WAP 模式、移动应用程序等模式。服务内容主要分为信息通报、业务与查询、阅读与服务、个性化定制等四类,实现的主要服务功能列表如图 5 - 2 所示。从中可以看出,移动图书馆提供的服务较为丰富。

　　近年来,图书馆利用被广泛使用的应用程序商店形式,建立了多种基于 IOS、Andriod 手机操作系统的移动应用服务形式,用户可以通过 APPStore 等应用程序商店将图书馆的读者服务应用程序下载到自己的手机和平板电脑上,并通过应用程序享受图书馆的资源和服务。应用程序的服务形式能够充分利用智能手机的特色功能,将图书馆的众多传统服务项目以更加便捷、互动的形式提供给读者,形成读者随身的私有图书馆。随着新技术在图书馆领域不断的应用,图书馆的延伸服务也必然会越来越丰富。

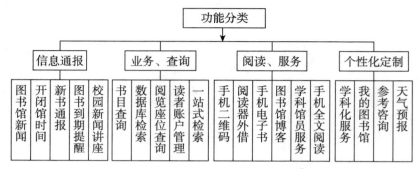

图 5-2 移动图书馆服务功能列表①

图 5-3 国家图书馆的移动服务

---

① 魏群义,侯桂,楠霍然.移动图书馆理论研究与实践应用综述[J].图书情报知识,2012(1)

78

6 用户教育

　　用户教育是指公共图书馆依托各馆资源,通过一定的方式和手段,增强用户从图书馆获取信息的意识与能力,或是通过图书馆提供的服务提升自身的文化信息素养。早期一些学术著作中将图书馆的这一行为定义为"用户教育"(或称读者教育)。英国图书馆学者缪斯在《读者教育》一书中,认为用户教育是"一种帮助读者最佳地使用图书馆的教育",①这种观点部分反映了用户教育的职能。但随着图书馆用户教育工作的深入、扩展,发展至今其内涵已远不止于此,图书馆作为公共文化机构,作为公民终身教育的机构,还承担着更广泛更重要的社会文化教育职能,肩负着"传承文明,服务社会"的重大责任,并且有别于社会上其他教育机构,提供免费开放的用户参观、讲座、培训和展览等活动,引导用户的行为并依此制定科学合理的服务政策,寻找服务的最佳切入点。

6.1　参观服务

　　到馆参观是最简单、直观的用户培训方式之一。图书馆员对到馆参观用户进行组织、协调,通过参观讲解的方式,使用户对图书馆的馆舍布局、服务概括、服务政策、馆史馆情等有较为全面系统的了解。这种用户培训方式的优点是培训形式直观、生动,用户易于理解接受讲

---

① 鲁黎明. 图书馆服务理论与实践[M]. 北京:北京图书馆出版社(今国家图书馆出版社),2005

解内容,可以激发参观者对图书馆的兴趣,并可以及时解答用户疑问。组织参观培训对于图书馆员业务能力有较高的要求,讲解中应力求准确、全面,需要有较好组织、协调能力,及时、全面了解本馆业务发展和最新推出的服务项目,及时更新讲解内容。在参观过程中要注意掌握讲解技巧,讲述表达清晰,举止得体,并做到尽量不影响正常的服务和业务工作。

近年来,一种新兴的虚拟参观服务形式逐渐被一些图书馆采用,用户通过网络计算机或投影设备,在图书馆虚拟 3D 模型中"漫游",足不出户就可以全面直观地了解图书馆馆舍建筑布局的所有细节,有些虚拟漫游系统甚至可以提供前往某阅览室的行走路线规划。这种新型的虚拟参观服务可以一定程度上替代传统的到馆参观服务,而且没有参观人数及时间的限制,用户可以自由选择参观的场所及路线。

6.2 培训服务

6.2.1 基本内容

这里所指的图书馆用户培训服务是狭义的,是指图书馆以面授、网络等形式对用户进行培训教育,以提高其信息素养、图书馆使用技能以及互联网利用等现代信息技术,帮助用户有效利用图书馆的资源和服务。培训服务的主要内容一般包括:图书馆基础知识培训,馆藏资源与服务推介,文献信息检索技能培训,用户信息素养培训等。

图书馆基础知识培训是图书馆培训中最为基础的培训,培训内容包括图书馆基本概况、馆藏资源特点及布局、文献资源查找方法、图书馆各类服务介绍等。

馆藏资源与服务推介是用户了解图书馆资源及服务的重要手段,也是受用户关注程度较高的一类培训。图书馆培训服务对于推荐馆藏,特别是推荐数字资源有着非常好的宣传培训效果。随着公共图书馆数字资源共建共享成果的不断发展,面对上百种数字资源数据库,如果没有有效的培训推广手段,用户将很难对所需资源做出准确的判断和选择。

文献信息检索技能培训的内容包括检索基本技能、检索技巧、检索策略等。传统信息检索培训中包括对卡片目录等纸质目录检索技能的培训,随着卡片目录的逐渐消失,信息检索的方式也发生了巨大的改变,互联网、搜索引擎的使用代替传统卡片目录的使用,成为检索技能培训的主要内容。通过开展信息检索技能的培训,用户可以清晰地认识自己的文献需求,并能迅速有效地定位所需资源的获取方式,进而掌握独立选择和利用文献信息资源的能力。[①]

用户信息素养是指"人能够判断确定何时需要信息,并且能够对信息进行有效的检索、评估和有效利用的能力",是信息社会中个人综合素质的一个重要组成部分。作为用户信息素养的重要培训机构,公共图书馆也应该积极利用其文献、环境、人员、技术等有利资源对用户开展信息素养教育,培养和提高用户的信息素养,使图书馆能够充分发挥其应有的终身教育的社会职能。用户信息素养培训的主要内容包括指导用户熟练运用各种信息工具,尤其是网络传播工具,帮助其根据自己的目标有效收集各种资料和信息,对收集到的信息进行归纳、分类,运用信息解决问题等。另外,对青少年用户还应培养其"信息免疫"能力,使其能够在浩瀚的信息资源中养成甄别和自律、自控的能力,自觉抵御和消除垃圾信息及有害信息的干扰和侵蚀。

6.2.2 服务方式

开展用户培训的方式包括到馆用户培训和远程用户培训等。

到馆用户培训是最常见的用户培训形式,公共图书馆在专门设置的培训空间内安排培训课程,由授课人对到场用户进行培训辅导,并

---

① 汪东波主编. 公共图书馆概论[M]. 北京:国家图书馆出版社,2012

现场解答用户疑问。例如国家图书馆数字共享空间推出的"数字资源系列培训",以介绍馆藏和服务为主的"每日课堂"等都是开展得较为成功的到馆用户培训案例。

远程用户培训是用以克服用户培训空间限制的新媒体用户培训形式,图书馆通过开设专门的网络培训平台、培训栏目或广播电视网络等方式,对非到馆用户进行授课。近年来这种培训形式越来越受到用户群体的欢迎,它不但破除了用户培训对于空间的限制,也破除了时间的限制,用户可根据自己的实际需求,随时观看,反复播放,大大提高了用户培训工作的效率及传播覆盖面。

随着近年来公共图书馆培训能力的提升,以及社会认可度的不断提高,图书馆用户培训的内容也越发丰富,例如外语培训、艺术类培训、特殊用户群体培训等。随着公共图书馆建设的进一步深化,用户培训仍有无限的发展潜力,未来将在公共图书馆用户服务工作中占据越来越重要的地位。

6.2.3 工作流程

培训工作应该根据业务发展以及服务项目的推出进行组织和策划,并且要有比较强的系统性。

(1)培训前精心准备。需明确培训内容和培训目标。以此确定培训教师、培训时间、培训地点和收费标准等工作。初步联系培训老师,确认培训时间,就培训题目进行充分协商;与培训老师沟通有关培训事宜,涉及文稿、照片以及培训所需幻灯片的设计、制作事宜应进行明确,为培训老师提供咨询,并根据需要提供相关资料。确定之后不得随意更改已公布的培训安排。

(2)培训现场安全有序。应保证培训所需设备到位、调试完成;做好读者报名、交费、办证、资料发放等工作;协调各方,保证培训录音、录像、照片资料的收集;保证培训现场正常的培训秩序;做好培训场地的安全保卫、卫生。

（3）培训后整理归档。培训之后要做好资料和信息的整合，及时整理培训的文字及其他相关资料；根据实际情况，保留重要培训的音像资料，适当时将其重复播放或通过网络提供给读者；建立培训档案，保存培训的计划安排、培训教师的介绍材料、培训内容的文字资料和重要培训的音像资料。认真整理、保存讲座有关的各种档案，不丢失，不错乱。

（4）加强宣传，根据实际情况，选取适宜的宣传形式，扩大培训的影响。对文字资料的上网及出版严格把关。定期收集各方面反馈意见，及时调整培训的相关项目，并提出应对方案保障培训效果。

6.3　讲座服务

6.3.1　基本内容

讲座服务是公共图书馆用户教育的主要方式之一，它是指图书馆通过组织、策划，邀请某一学科领域的专家学者到馆为公众进行面对面的讲演和互动，为用户提供拓展视野、获取知识、丰富文化生活的学习和交流机会，从而更好地履行图书馆的社会教育职能。同时讲座服务具有知识性、开放性、教育性、互动性等特征，已经成为公共图书馆履行社会教育职能的重要形式和开展用户服务的重要载体。①

目前公共图书馆多为用户提供免费的公益讲座服务，讲座涉及的领域相当广泛，包括时事政策的解读、文学艺术欣赏、理财投资、法律知识、健康保健等，凡是公众感兴趣的主题都可以成为公共图书馆讲座的内容。长期、稳定、高质量是吸引用户利用公共图书馆讲座服务的重要因素。公益讲座已成为我国许多公共图书馆的服务内容，一些图书馆还结成了讲座联盟，以达到节约成本、共享讲座资源的目的。

---

① 任罡．公共图书馆讲座工作研究［J］．新世纪图书馆，2010（5）

国家图书馆于 2010 年 12 月成立的"全国公共图书馆讲座联盟",便是以讲座联盟为载体,通过搭建全国公共图书馆讲座资源共建共享平台,推广有地区影响力的讲座、打造有行业代表性的文化品牌,注重讲座成果整理和衍生品开发、扩大讲座的社会影响等具体措施,实现全国公共图书馆讲座业务的共同发展。包括国家图书馆、省级图书馆及其他各级图书馆在内的 60 余家图书馆成为联盟成员。

6.3.2 工作流程

具体来说,讲座工作是一个全面系统的工程,主要包括选题策划、讲座组织、摄影编辑、后期文字整理和资料归档、宣传推广等多个环节,每个环节又包含有诸多内容。

1. 选题策划

讲座策划是讲座工作的灵魂,是图书馆讲座服务中最重要的内容,选题好坏往往直接决定着讲座品牌的质量和对读者对社会的影响力。图书馆在选题策划时要做到整体规划,尽量使讲座成系列,最好提前制定有年度或半年的总体策划方案。

讲座策划最重要的应该根据读者需求进行策划。作为讲座的接受者,读者是否感兴趣以及是否对读者产生一定的引导作用是衡量讲座选题最重要的标准之一。具体到每个讲座选题时,策划人员必须有明确的读者定位,对预期读者和讲座的类型进行细分,而不是把公众理解成抽象的虚幻概念,这样才能够突出服务重点,合理配置资源。

在讲座内容的选择上,应该根据时事热点和重大历史事件、重要事件节点策划讲座。策划人员应该保持社会敏感和创新活力,结合社会热点、重要纪念日、重大历史事件等特殊事件和特殊内容举办一些具有较强实效性的讲座。这样既可以抓住读者在特定时间段的大量需求,又有利于和电视、报纸、网络等传播媒介的合作,迅速扩大图书馆讲座的社会影响力。这种实效性讲座可以安排在每年的固定时间,比如 4·23 世界读书日、世界文化遗产日等。每年还会有一些特殊的重大事件或者重大历史事件的周年纪念等,图书馆都应该及时跟上,策划一些具有特殊意义和社会影响的专题讲座。

另外,在选题策划时应该注意把选题的多元化和打造亮点、保持独有性结合起来,形成图书馆自身的重点和亮点,打造自己的讲座名片,除了要符合大多数读者的文化接受水平外,更要掌握一个适度的原则,不能从众媚俗,坚持普及和提高相结合的方向,尽量选择底蕴深厚、视野宏阔、引领文化时尚和阅读方向的选题,真正起到图书馆社会教育的职责。

在具体策划过程中,应建立规范化的讲座策划制度,定期召开类似头脑风暴的策划会议。特殊活动的讲座策划应形成适合执行的详细策划方案,从活动背景、嘉宾情况、讲座意义到具体嘉宾的邀请接待、媒体宣传、观众组织到场地布置、现场主持等所有流程环节和每一个细节做好周密安排。坚持开放性与保持分寸感相结合的原则。

2. 讲座组织

要确定好讲座老师、讲座时间及讲座地点。在实际操作过程中,要先初步联系讲座老师,确定讲座的时间,并就讲座题目进行协商。与讲座老师沟通讲座事宜时,涉及文稿、照片及讲座幻灯片的设计制作等事宜应进行明确,并根据讲座老师的需求,提供咨询及相关资料。在讲座现场,要保证讲座所需设备到位,做好讲座的录音、录像、照片资料的收集工作。讲座现场服务过程中,需做好听众的登记、验票等工作,维持讲座现场的正常秩序,做好讲座场地的安全保卫及卫生。

3. 后期文字整理和资料归档

对讲座相关资料及信息的整理、建立科学合理的讲座资料信息管理体系也是讲座服务重要的组成部分。通过对讲座资料信息的系统管理,可以积累讲座服务经验,促成讲座服务的品牌效应。同时,通过整理讲座的文字资料、讲座授权书等相关资料,可以进一步组织相关资源的编辑出版工作。根据实际情况,通过保留重要培训的音像资料,可以适时通过重复播放或网络向读者提供讲座音视频服务。在开展讲座档案管理工作中,要保存讲座的计划安排、讲座教师的介绍材料、讲座内容的文字资料、讲座的音像资料和讲座授权书等资料,做到认真整理、保存讲座有关的各种档案,不丢失,不错乱。

4. 宣传推广

在讲座举办之前,图书馆应该根据实际需要,使用宣传板、网站、微博、博客等多种方式加大对讲座的宣传和推广,使更多的读者可以第一时间获得讲座的信息。在讲座当中,目前已有很多图书馆使用了微博直播、网络直播的方式共享讲座资源。在讲座结束之后,特别是在使用讲座资源进行内容推广时,图书馆要注意使用讲座相关资料履行信息发布程序,不得随意更改已公布的讲座安排,对文字资料的上网及出版严格把关,重视讲座资料的版权问题。

6.4 展览服务

6.4.1 基本内容

展览服务不但是图书馆文献宣传的一种方式,也是用户教育的一种特殊形式。公共图书馆的展览服务主要以文献展览服务为主,一般都是依托于图书馆的馆藏珍贵文献开展的。图书馆将馆藏中有特色的文献、珍本或某一特定主题的文献集中起来,在一定时期内公开展示和陈列,以此向读者宣传、推荐文献。展出展览成品应具有较高的思想性与艺术性。

6.4.2 分类

结合工作实际,展览服务可以有多种分类方式:

(1)按目的不同,展览服务包括阅览室新书展示和专题文献展览等。新书展示是从新到馆的文献中选择内容新颖、学术价值高和针对特定读者需要的部分进行公开集中陈列,方便读者浏览和选择借阅。

专题文献展览是通过对某一特定专题中最有价值的文献进行系统整理,向读者展示有关专题领域的发展水平、动向和趋势等。新书展示是目前图书馆运用非常普遍的一种展览形式,操作简单,难度较小;专题文献展览则需要对文献的深度挖掘和整理,对文献基本素材进行提炼并结合其他来源综合而形成。

(2)按展出时间不同,展览服务可分为常设展览、纪念性展览、临时展览等。常设展览一般是图书馆按照展览计划,定期布展与更换。纪念性展览是在特定的时间,如纪念日、诞辰等特殊时间段举办的展览。临时展览可以是根据当下的实事热点或临时性事件,在较短时间内完成文献整理、组织、展示的不定期展览。比如国家图书馆在莫言获得 2012 年度诺贝尔文学奖之后,及时策划了"2012 年度诺贝尔文学奖获得者——莫言作品展",取得了很好的社会反响。

(3)按展览展出的方式不同,可分为定点展览和巡回展览等。定点展览是指在一个固定区域举办的展览,一般都是在图书馆内部展出;巡展则是图书馆与图书馆行业联盟或者其他社会机构联合举办,通过场地经营等灵活多变的合作模式,共同策划举办。这类展览一般要以公益为原则,能够丰富图书馆文化展览的类型,节约图书馆的办展投入。比如国家图书馆与法国大使馆共同举办的"碑——维克多·谢阁兰"展览,法国大使亲自参加开幕式并在多个法盟城市进行巡展,这类展览可以更多地引入前沿的文化内容,扩大展览的受众群体,同时节约图书馆的办展投入。

(4)按陈列的方式不同,分可分为允许读者自由翻阅的开架展览和将文献陈列在玻璃橱柜中的闭架展览,后者主要用于珍贵稀缺文献。

(5)按展览规模的大小,可以分为大型展览、中型展览和小型展览。大型展览如国家图书馆举办的"百年守望——国家图书馆特藏精品展""传承文明　服务社会——国家图书馆开馆服务一百周年纪念展览""历史的审判——《远东军事法庭庭审记录》编纂出版启动仪式暨座谈会"主题展览、"中华古籍保护计划成果展"等。此类展览一般规模大、持续时间长,展览策划、实施的工作复杂、难度大。

(6)按展出形式的不同,展览可以分为实物展览、网络展览和手机展览。实体展览是比较传统的展览形式,形式直观,容易引起读者感性的认识。网络展览和手机展览等目前也在很多图书馆推广使用,这种方式的优点在于读者的受众面广,读者可以不受时间限制自由欣赏;对于图书馆来说,则不受空间场地限制,可以大量节省展板等办展成本。其主要缺点则是部分读者可能受到网络条件的限制,无法欣赏到感兴趣的展览。

6.4.3 工作流程

(1)根据文献特点策划、组织展览项目;

(2)收集、整理和筛选展览素材与资料,注意所展出的文献应具有较高的思想性和艺术性;

(3)撰写、编辑有关展览内容的文字,突出展出文献的特点及价值;

(4)设计与制作展板并出具展览小样;

(5)认真整理、保存展览有关的各种档案资料,做到不丢失,不错乱。

同时,为了保证展览的效果,扩大展览的社会影响力,图书馆往往会采取设计、印制展览文献目录,撰写相关展签,举办专题讲座,制作展览宣传视频等方式配合展览的举办,具有一定史料价值的展览通常还会在展览结束后印刷出版,例如《文艺的灯塔——纪念在延安文艺座谈会上的讲话发表七十周年》一书便是在国家图书馆"纪念《在延安文艺座谈会上的讲话》发表七十周年馆藏文献展"之后策划出版的,具有重要的资料价值。

除了上述讲座、培训、展览等用户教育的基本形式外,图书馆还可以利用其他方式,举办各种形式的、生动活泼的读者活动,如定期召开读者座谈会,与读者面对面交流,加强图书馆与读者之间、读者与读者之间的相互交流和沟通;召开新书发布会,邀请作者到现场与读者进行互动,架起图书与读者之间的桥梁;举办专题书展、读书讲座、专题报告会,增强人们学习的兴趣,吸引更多的读者利用图书馆;开展新书推荐、书评、读书竞赛等活动。比如很多图书馆都会利用每年5月最后一周的"图书馆服务宣传周"和12月份的"读书周",综合运用各种媒介进行形式多样的图书馆宣传教育,组织用户座谈交流,走入机关、企业、学校、社区等地发放各种宣传资料等。通过这些活动可以扩大图书馆的社会影响力,加大对馆藏和服务的宣传力度,促进图书馆知识的普及和培养,为读者了解图书馆、认识图书馆创造条件,以充分发挥其社会教育职能。

7 特殊人群服务

特殊人群作为图书馆一个特殊的服务群体,主要包括未成年人、残疾人、社区居民、老年人、下岗再就业人员等。这个群体由于其生理、心理以及社会地位等特殊性,需要图书馆制订和实施各种具有针对性的措施,拓展服务渠道,扩大服务范围,使图书馆的信息服务走到特殊人群的身边,增强图书馆的社会影响,提升图书馆的社会地位,全方位地展示图书馆的立体特殊服务功能。

7.1 未成年人服务

据统计,我国有 18 周岁以下未成年人约 3.67 亿人,公共图书馆作为学校教育的延伸和有利补充,在未成年人思想道德建设中发挥着举足轻重的作用,并得到了党和政府的极大关注。

7.1.1 政策依据

(1)2004 年 2 月,中共中央、国务院下发《关于进一步加强和改进未成年人思想道德建设的若干意见》。文件要求"图书馆、文化馆(站)、体育场(馆)、科技馆、影剧院等场所,也要发挥教育阵地的作用,积极主动地为未成年人开展活动创造条件"。

(2)2004 年 10 月,文化部等 12 部委联合下发的《关于公益性文化设施向未成年人免费开放的实施意见》中明确提出:公共图书馆要通过开设少儿阅览室、举办面向未成年人的讲座与培训、设立少儿集体参观接待日等方式,有针对性地向未成年人提供服务,培养未成年人使用图书馆的意识,积极开展适合未成年人实际需求的各种文献信息服务。

（3）2005 年 11 月和 2007 年 8 月,中共中央办公厅、国务院办公厅先后下发了《关于进一步加强农村文化建设的意见》和《关于加强公共文化服务体系建设的若干意见》,明确了公共图书馆和少儿馆在保障未成年人文化权益以及面向未成年人提供基本文化服务的基础设施保障作用。

（4）2007 年 6 月 1 日新修订后的《中华人民共和国未成年人保护法》开始实施,确立了未成年人优先的基本原则,将图书馆面向未成年人免费开放列入到了未成年人社会保护的范畴。

（5）2010 年 7 月 29 日,《国家中长期教育改革和发展规划纲要（2010—2020 年）》颁布实施,提出了"构建完备的终身教育体系"的战略目标,强调要"充分利用社会教育资源,开展各种课外及校外活动。加强中小学校外活动场所建设。鼓励学生积极参与志愿服务和公益事业"。

（6）2010 年 12 月,《关于进一步加强少年儿童图书馆建设工作的意见》发布,意见要求少儿馆发挥教育职能,深入开展阅读指导和服务工作;要大力开展各种阅读指导活动,把思想道德建设内容融于读书之中,充分发挥图书馆的教育职能;要区分不同年龄段未成年人的特点,创新服务理念,引入新媒体等现代信息技术,积极开展图书推介、讲座、展览等活动,精心设计和组织内容鲜活、形式新颖、吸引力强的读书活动,吸引未成年人走进图书馆、利用图书馆。

（7）2011 年 1 月,文化部、财政部联合下发的《关于推进全国美术馆、公共图书馆、文化馆（站）免费开放工作的意见》中明确了少年儿童阅览室属于正式免费开放范围,还特别要求图书馆在"在实现均等普惠的公共服务基础上,逐步增设多样化服务,重点增加对未成年人、老年人、农民工等特殊人群的对象化服务"。

（8）2011 年 3 月 16 日,国务院公布的《中华人民共和国国民经济和社会发展第十二个五年规划纲要》明确了要"保障儿童优先发展"，强调要"坚持儿童优先原则，实施儿童发展纲要，依法保障儿童生存权、发展权、受保护权和参与权。改善儿童成长环境，促进儿童身心健康发展"，要求"营造良好的社会文化环境，保护青少年身心健康，为青少年营造健康成长的空间"。

（9）2011年8曰8日，《中国儿童发展纲要（2011—2020年）》通过中国政府网对外公布。《纲要》对于儿童阅读和图书馆服务给予了较多关注，明确提出了"培养儿童阅读习惯，增加阅读时间和阅读量。90%以上的儿童每年至少阅读一本图书"，强调儿童权利、儿童优先和儿童参与原则，提出在制定法律法规、政策规划和配置公共资源等方面要优先考虑儿童的利益和需求。《纲要》对公共图书馆未成年人服务有着重要的指导意义。①

（10）2011年10月，十七届六中全会通过的《中共中央关于深化文化体制改革，推动社会主义文化大发展大繁荣若干重大问题的决定》也明确提到了公共图书馆为未成年人服务的相关内容。

这些政策的颁布与实施，为公共图书馆未成年人服务事业的发展提供了政策保障。

7.1.2　公共图书馆未成年人服务的主要形式

在政策的指导下，我国公共图书馆未成年人服务蓬勃发展，影响力进一步加大。其主要活动形式包括：

（1）基本文献提供服务。例如儿童读物的阅览和外借、参考咨询等。

（2）阅读指导活动。例如针对不同年龄阶段儿童的故事会、阅读会、读书会、暑期阅读活动、作家见面会、图书展示、好书推荐等，指导

---

① 刘兹恒,武娇. 公共图书馆未成年人服务的指导文件[J].图书与情报,2012
（1）

小读者选择、利用、阅读图书馆的各类馆藏;邀请儿童作家举办作品朗诵会及讲座,帮助儿童了解故事创作历程;通过音频媒体、电影或是图片图书生动地为儿童讲述故事等,使故事更易理解。

(3)素质兴趣培养活动。例如激发儿童兴趣的演讲比赛、绘画比赛、手工艺制作、电影、木偶节目、戏剧、魔术、音乐、舞蹈等活动,吸引儿童来馆阅读,引发其阅读兴趣。

(4)图书馆自身的推广活动。例如图书馆参观、有关图书馆利用的技能培训、推广讲座、展览、媒体资源展示等,提高未成年人的信息素养。

(5)数字阅读作为一种新的阅读趋势被图书馆广泛使用。即图书馆利用数字资源用机、电子触摸屏、手绘板、电纸书等数字阅读设备,提供包括多媒体阅读、在线展览、视频讲座等多种形式的数字资源服务。数字资源的内容既涵盖成语故事、在线课堂,也包括视频动画、游戏动画等未成年人喜闻乐见的科普普及数据库。

7.1.3 未成年人服务中需要注意的问题

1. 注重不同年龄段未成年人的阅读心理和阅读需求

首先,在条件许可的情况下,公共图书馆要提供为未成年人服务的专门空间,这个空间的建筑、布局、家具和装饰适合少儿生理与心理特点,在色彩使用、造型设计方面要充满想象力和童趣,在采光、安全、环保、实用等方面也应考虑周全,能够灵活圆满地配合各项少儿服务的开展。例如0—3岁儿童不具备自主阅读能力必须由成人陪同,需要提供专门的低幼阅览区域甚至是母婴哺乳室,满足母亲为婴儿换尿布、喂奶的需要。并且内部按照低幼、儿童、少年的行为习惯和爱好来设计和规划,提供亲子阅读空间、低幼活动区、数字阅读空间、青少年阅读空间等。

其次,要充分了解不同年龄段未成年人的生理、心理特点以及认知发展水平,推出适合的阅读指导活动。不同年龄段的儿童阅读存在差异性,如3—6岁儿童更适合看绘本,主要的活动内容可以有儿歌会、讲故事、亲子阅读会等。小学阶段的儿童喜欢看文字更多的、带有冒险情节的故事书,主要活动可以以朗诵、故事会为主;13—18岁,这是从青春期到成年期的过渡阶段,这一年龄段个性基本形成,可以阅读成人读物,因此应充分尊重这一年龄段读者个性需求,为他们提供符合其年龄特点的教育咨询、信息以及文化消遣等服务,指导其利用图书馆解决课业困难,提高青少年利用图书馆的频率以及对图书馆员的信赖度。

最后,要加大对少儿文献的了解和熟悉。我国目前少儿读物的出版市场繁荣,每年出版的少儿读物种类繁多,为帮助不同年龄儿童获得适合其年龄特点的图书,为儿童家长选择图书提供建议和指导,少儿馆应逐步推广面向儿童的图书分级制,提供不同年龄阅读书目,促进阅读指导的目的性和针对性。还可根据不同主题,研制多种小型的专题书目,例如国家图书馆少儿馆编制的《家庭亲子阅读书目》《温暖童心绘本书目》《科普书目》等便是了解少儿文献、开展有针对性阅读指导的有益尝试。

2. 创新服务手段,拓展服务内容,加大对13岁以上青少年以及6岁以下低幼儿童的阅读指导服务

13岁以上的青少年个性基本形成,同时课业加重,图书馆除了要建立一个适合青少年学习和交往的自由空间,利用青少年喜闻乐见的形式,包括新媒体等服务手段,吸引青少年利用图书馆外,还可以开设作业中心服务,提供适合的空间、资源和辅导服务。要注重面向低幼儿童的早期阅读指导。目前我国公共图书馆未成年人服务主要针对的群体是6岁以上的未成年人,对于学龄前儿童开展的服务非常有限,这与英国、日本等发达国家有着不小的差距。

3. 重视社会合作

搭建多元化的服务平台是有效整合社会资源,推动图书馆未成年人服务的重要手段之一。学校是未成年人进行素质教育的课堂,将图书馆知识引入课堂,潜移默化地培养儿童的图书馆意识。和学校联合

不仅能解决场地问题,还最能集中、有效地开展活动。国家图书馆少儿馆推出的"阅读推广进校园"活动已相继走进了北京的十余所学校,通过讲座、培训等形式将阅读指导带入校园。和妇联、文明办、关心下一代工作委员会等政府机构合作能较快取得其他部门的支持和配合,有效地推动全社会共同关注、关心未成年人,扩大图书馆未成年人服务的社会影响力。同出版社以及社会公益性组织合作能够最广泛地调动起多方社会资源,在合作中共赢。

4. 要加强图书馆未成年人服务专门人才的培养

自身的专业素质是服务成功的核心和基础。对于未成年人服务来说,馆员更是具有特殊的意义,在未成年人阅读成长中起着重要指导作用。他们需要了解儿童身心发展特点,善于与儿童沟通,能进行儿童阅读指导,同时能将阅读推广活动组织得有声有色。美国图书馆协会对馆员的基本能力和基本职责有具体的要求,包括具备未成年人基本理论知识、拥有图书馆管理和经营技能、良好的沟通交流和活动的组织策划能力等。我国目前对于图书馆未成年人专门人才的培养问题尚未引起足够的重视,需要从服务意识、服务观念、服务能力等多方面提高图书馆未成年人服务专门人员的整体素质,提高整体服务形象,提升服务水平。

7.2 残疾人服务

许多国家的公共图书馆都把为特殊人群服务作为一个特殊的服务项目,制订和实施了各种具有针对性的措施。公共图书馆作为社会公益性单位,更应该充分考虑到残疾人的特殊需要,不但要从硬件上给予保障,如在残疾人读者的基础设施方面,为坐轮椅的读者提供无障碍通道、提供残疾人专座等,在软件方面也要予以保障,如为视觉障碍和盲人读者提供盲文文献和语音服务等。

国外许多图书馆都针对残疾人读者提供有针对性的特殊服务,如针对行走不便读者的特殊服务。日本图书馆为乘坐轮椅的读者设有专用出入口,出入口设有按钮,只要读者按下按钮或对讲装置,门就会自动开启。针对视觉障碍和盲人读者的特殊服务,美国的图书馆大多提供盲文印刷机,日本图书馆为盲人读者免费提供盲文点字图书、录音图书、朗读服务等,英国的公共图书馆为低视力读者配备了大字印刷的书籍(主要是文学书籍)及开辟专门的借阅区。针对听力困难读者的特殊服务。英国有些公共图书馆开始开辟听力残疾服务区,提供诸如阅读机、声音放大器等特殊服务。

图7-1　中国盲人数字图书馆

国内的大多数图书馆也都针对残疾人群体提供专门的服务。中国残联信息中心、国家图书馆以及中国盲文出版社面向盲人读者共同推出了中国盲人数字图书馆(http://www.cdlvi.cn/),为盲人、视力有障碍人群、认知能力有障碍的残疾人提供多种获取网上信息的方式;海南省图书馆的电子阅览室也设有专供盲人使用的计算机键盘,可供盲人上网;深圳图书馆在距离馆区入口最近的地方设置了视障阅览室,为视障人士提供文献借阅和资源下载服务,并面向视障读者开展免费电脑培训班,帮助视障读者更好地获取所需的文献信息资源。

随着我国文化事业的投入不断加大,图书馆事业的不断发展,图书馆的硬件设施也越来越好,大多数的图书馆在建设之初就已经充分考虑到残障人士的需求,如建设与市政盲道相连接的无障碍通道,楼层间的无障碍电梯,无障碍卫生间,楼梯扶手及电梯上的盲文导引等。在服务格局及政策上,图书馆也要尽量考虑到残疾人的实际需要,为残疾人读者提供全面、优质的服务。如为方便轮椅的进出及取阅文献,要考虑书架之间的宽度与高度,也要考虑阅览桌的高度;为方便盲人及视觉障碍读者,有条件的图书馆可以提供盲文文献借阅及电子文献阅读辅助工具等。

总之,图书馆要根据自己的服务能力,因地制宜,尽可能地方便到残疾人读者利用图书馆的文献。不但要在硬件上达到要求,也要尽可能地提高服务的软环境,提升残疾人读者的服务满意度。

7.3 其他弱势群体服务

在我国,公共图书馆弱势群体服务主要是以针对生理性弱势群体为主,目前关注较多的为残障群体服务。对于老年人、外来务工人员等其他弱势群体的服务一般比较弱。

在为老年读者服务的过程中,要注意区分不同的对象采用不同的方式。依据老年读者在生理、心理特征及阅读兴趣上的不同,有目的性地开展服务。图书馆在阵地服务时,鉴于老年人行走不便的因素,可在馆内最便利的地方为他们设立专门的学习场地;可针对其阅读特点,设置老年阅读专区,把其感兴趣的图书、期刊、报纸等文献集中在一起,便于老年人集中阅读。

社会性特殊群体主要指城镇下岗职工和生活在城镇寻找工作机会的农民工等弱势群体。图书馆对这部分人群更要施以人文关怀。

如:对他们进行信息教育和培训,收集、提供市场信息和科技信息、网络知识、信息技术,传授获取信息的途径;加强与当地劳动就业管理部门、中介机构、职业介绍所、人才交流中心等部门的沟通与联系,提供用工信息,及时调整本馆文献收藏结构,增补适合他们自学的专业技术书刊;免费或低收费为他们举办文化教育、实用技术培训班或讲座,邀请专业技术人员做技术辅导,提高他们的文化素质和专业技能,全力帮助他们再就业和自主创业。同时开展法制宣传、法律咨询等活动,提高他们法制意识和遵纪守法的自觉性,同时也提高其运用法律武器依法维护自身权益的意识和能力。[①]

作为城市的主要文化设施,为了方便更多的读者,图书馆一般都建在人口较集中的地方,但是对于距离图书馆较远的郊区读者来说,则存在文献获取不便的问题。针对此类读者,图书馆既可以通过流动书车、送书下乡、建设分馆的方式来解决,也可以利用现代网络技术,通过网络数字图书馆、移动数字图书馆等方式来解决。无论采取什么方式,图书馆都要结合实际,针对不同的读者群体的需求,全方位地实现图书馆的社会文化服务职能。

为弱势群体服务是多方面的,既可以从服务的细节入手,如提供免费的纸笔、提供老花镜等服务,多一点热心和耐心,也可以采取多样化服务方式,多组织一些适合他们参加的活动,不但能取得更好的活动效果,还能丰富他们的生活内容;在服务地点上,尽量扩大服务覆盖面,不必局限于图书馆本身,可和老年公寓、社区服务中心、残联等部门建立协作关系,图书馆将书刊送到老人及残疾人身边,方便其就近借阅。

图书馆作为公益性的社会文化机构,其特殊群体服务中的人文关怀意义深远,关系到一个社会的文明程度,因此图书馆工作者要以崇高的使命感把这项充满爱心的工作扎扎实实地做好。[②]

---

①②　庞晓敏.以人为本建立公共图书馆特殊服务体系[J].科技资讯,2007(18)

8 图书馆服务手段

现代社会,是一个信息爆炸的时代,信息传递和技术开发、转移和利用的速度越来越快,掌握现代化的信息获取技能极为重要。以读者为本是图书馆的办馆宗旨,图书馆的工作必须以读者需求为导向,针对读者需求的变化,服务方式和手段也要相应地变化。服务方式和手段创新是实现图书馆功能的途径和桥梁。图书馆是文化服务体系的重要组成部分,加强服务方式和手段创新是其题中应有之意。一个图书馆的优劣,不仅表现在它的硬件设施上,更表现在它的服务上,而服务方式和手段则是其服务水准的外在表现。因此,在大环境下,图书馆服务于教学、科研、社会的方式、手段发生了根本变化。

8.1 传统图书馆服务中的新手段

为更好地开展读者服务工作,更有效地提高员工的工作效率,改善服务和管理现状,提高图书馆的智能化管理和人性化读者服务的效率,在传统的图书馆服务中运用新手段,以期达到文献工作智能化、人性化和高效率,进而实现在整体上提高服务水平和工作效率的最终目标。

8.1.1 图书智能管理服务

随着社会和科技的进步,图书馆俨然成为现代文明不可或缺的一部分。然而传统图书馆存在检索系统不能精确提供图书位置信息、图书错架和乱架等问题,致使图书查找效率十分低下。为准确获取图书馆藏书的实际位置,使读者迅速、准确地找到所需要的图书,同时提高图书馆馆藏盘点的效率、减少人力需求,国内外图书馆积极采取新的技术手段,实现图书的智能化管理。现在使用较多和较成熟的技术为RFID 技术。

　　RFID 技术是近年来国内外图书馆界的热门研究议题,它是一种可应用于图书管理和流通的全新的自动化技术。已在美国、欧洲、新加坡国立图书馆和我国台湾地区的图书馆中投入了应用,并获得了良好的效果。RFID 能更好地提高图书流通管理和典藏管理的工作效率,为图书馆行业的发展带来新的机遇。

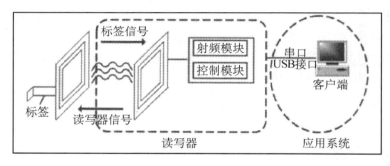

图 8 - 1　RFID 原理图

　　RFID 的全称是 Radio Frequency Identification,①即无线射频识别技术,它使用无线传输方式实现对人或物的非接触识别和数据信息交换。如上图所示,一个 RFID 系统包含三个主要部分:RFID 标签(tag 或称为 transponder 应答器)、RFID 读写器(reader 或称为 interrogator)、天线(antenna,在标签和阅读器间传递射频信号,即标签的数据信息)。

　　基于 RFID 技术的图书管理系统,②对读者所携带的 RFID 读者

①　李星光. RFID 文献智能管理系统在深圳图书馆的应用[J]. 深图通讯,2003
　　(6)
②　刘莉莉,张澜宇,唐彬. 基于 RFID 的图书管理系统[J]. 现代情报,2011,31
　　(2)

证、文献标识 RFID、书库书架位置标识 RFID 采用同种频段的芯片,这样系统可通过 RFID 设备实现对读者、文献、书库书架的一体化标识,构成了一个有机的系统整体,为建立系统化的、准确的、高效率的 RFID 标识文献管理系统提供了技术基础。图书馆 RFID 系统的应用不仅满足读者的个性需求,而且使得图书馆的服务更上一个台阶,同时加快了图书馆技术上的创新。

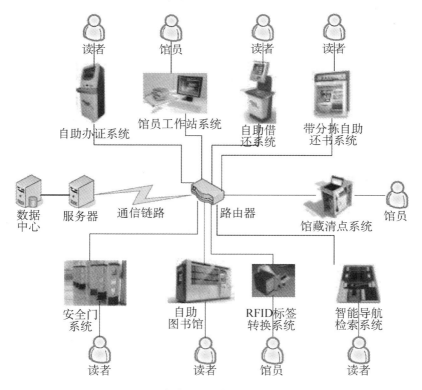

图 8-2   图书馆 RFID 技术应用系统结构图

8.1.1.1   馆藏定位

工作人员借助 RFID 设备,通过对书架及粘贴有 RFID 标签的流通资料的扫描,可以对流通库文献进行架位信息采集、文献地址信息

101

的采集工作,帮助排架、查找和统计特定的流通资料等。采集的书架架位信息在与图书馆书库架位分布具体位置图融合后,可以建立出详细的书架分布地址数据模型图,通过图形界面方便地实现直觉式位置检索(即在图书馆的平面图上浏览,然后逐个书架地寻找)。如果用户以图书馆管理员的身份登入,则可以从系统获得更进一步的信息,例如:每层架的现有藏书量及书本本来应放的位置等。

(1)快速库存检索:以往要进行一次全图书馆库存检查,就要花上几天的工作时间。现在,在书架都加装 RFID 天线,基本上不费任何人力物力,几分钟就可以完成一次全馆库存检查。

(2)精确位置定位:传统的图书搜索只能告诉读者那本书"应该放在哪里"。但如果那本书被其他读者从书架中拿出来阅读,或放错位置,这时系统的定位功能能准确地告诉读者那本书"当前时刻在哪里",大大提高读者的检索效率。

8.1.1.2 防盗功能

安全门检测系统设备可对粘贴有 RFID 标签的流通文献进行扫描;安全识别的系统设备,用于流通部门对流通资料的安全控制,以达到防盗和监控的目的。该设备系统通过对书籍借阅状态的判断来确定报警提示信息是否鸣响。

应用 RFID 安全检测系统,能将馆藏的信息与安全防盗管理合二为一,让图书馆防盗系统更容易处理各类情况,并且在脱离中心数据库的情况下仍能独立运作。同时 RFID 安全系统的识别统计功能可分析读者结构和图书馆利用率,并提供更为优质的服务。

跟传统的防盗磁条对比,RFID 标志更耐用,既能降低失书的风险,又节省了定期更换磁条的麻烦,直接或间接地节省了成本。除此之外,超高频(UHF) RFID 天线可以做得很小,更便于工作人员把 RFID 天线隐藏于读者难以察觉的地方,提升了安保程度。

8.1.1.3 应用举例

RFID 技术在图书馆应用至今已有 13 年的历史。1998 年,新加坡

Bukit Batok 社区图书馆首先采用 RFID 系统。之后,世界各国和地区的图书馆开始大规模实施图书馆 RFID 系统。据 Checkpoint 统计,2005 年全球约有 440 家图书馆采用了 RFID 技术,2007 年为 2000 家,①并且以每年 30% 的速度增加。② 在应用数量上,美国处于世界领先地位,其次是日本和英国,此外澳大利亚、新加坡、荷兰、墨西哥等也有相当大数量的应用案例。

在我国,图书馆 RFID 技术的应用稍晚于国外。2006 年 2 月,集美大学首家采用 RFID 图书馆智能馆藏系统;7 月和 11 月,深圳图书馆和汕头大学图书馆实施了 RFID 图书管理系统。随后武汉图书馆、国家图书馆、杭州图书馆、陕西省图书馆等相继实施,他们的成功实践为 RFID 的应用产生了良好的示范效应。以北京为例,应用 RFID 系统的有国家图书馆、首都图书馆、朝阳区图书馆、中国人民大学图书馆、北京师范大学图书馆、北京理工大学图书馆、北京农学院图书馆和北京石油化工大学图书馆。

深圳图书馆新馆为国内率先使用 RFID 系统的公共图书馆。深圳图书馆馆用 RFID 标签有三类,包括图书专用标签、CD 专用标签和书架层板标签;其他的主体设备包括:RFID 阅读器、自助借还系统设备、室外 24 小时自助还书机系统、自助办证机系统、馆藏清点系统、安全门系统、城市街区 24 小时自助图书馆服务系统。

国家图书馆二期于 2008 年 9 月正式接待读者,新馆将传统服务与数字服务相融合,并引进了 RFID 技术。国家图书馆馆用 RFID 标签有三类,包括图书专用标签、CD 专用标签和书架层板标签;其他的主体设备包括:馆员工作站系统、标签转换系统、自助借还系统、馆藏清点系统、安全门系统、智能导航检索系统。

---

① 马瑞,洪光宗. 以开放的心态迎接新的信息技术——2009 年信息技术在图书馆的应用[J].中国图书馆学报,2010(3)
② 周文豪. 数字图书馆以及 RFID 在世界图书馆中的应用状况[J]. 中国电子商情,2008(3)

8.1.2 用户自助服务

图书馆自助服务,①是指无需图书馆工作人员的参与,在指定的管理区域、业务范围内,读者根据自己的兴趣特点、需求偏好和时间安排,灵活、自行地完成借还图书、资料复印、申办新证、书目查询、预约续借、浏览下载、资金处理等活动,从而实现自我服务的一种读者服务方式。随着科学技术的进步,我国一些图书馆开展了自助服务,如东莞图书馆建立的自助图书馆。这些图书馆自助服务系统的推出,为读者借阅文献、文献打印/复印/扫描、自助缴费等提供了方便。图书馆自助服务顺应了时代发展的趋势,改变了传统图书馆的服务方式,在读者和图书馆之间提供了一个崭新的互动平台。

8.1.2.1 馆内自助服务

馆内自助服务是指读者在图书馆馆舍的特定区域中,借助自助服务设备自行完成的一系列自我服务。常见的有自助借还书、自助办证、自助打印、自助复印以及自助存缴款等。

1. 自助借还图书

自助借还系统就是利用图书馆自动化系统与读者自助式借还书系统的数据链接,允许读者在图书馆内自行办理借还图书资料,而不需要经过馆员手工作业的一种自助式服务方式。② 自助借还系统包括自助借还机、流通管理软件、安全监测系统、其他软硬件等。目前,按自助借还系统信息读取方式的不同,自助借还系统分为基于条码的模式和无线射频识别(RFID)模式。③ 条码式自助借还系统是将条码阅读器(条码扫描仪)、充消磁仪和图书馆自动化管理系统的借还书终端整合为一体,读者根据终端显示器的提示进行自助借还书操作。RFID

---

① 史建荣. 浅析图书馆自助服务[J]. 江西图书馆学刊,2011,44(2)

② 罗少芬. 正确认识自助借还系统[J]. 图书馆学研究,2009(8)

③ 杨峰,杨馨. 自助借还书系统的管理工作与应用问题探讨[J]. 图书馆建设,2009(6)

自助借还系统由电子标签、阅读器和数据管理系统三部分组成。附着在图书上的电子标签保存可供识别的电子数据。当电子标签进入阅读器电磁场,就会产生感应电流,自动发送自身编码数据信息。阅读器读取并解码电子标签信息后,传送到电脑系统及相应的自动化管理软件,读者从而进行自助借还书操作处理。

西安交通大学图书馆自助借还书系统采用基于条码的模式,[①]系统运行后,两台自助借还终端每天的借还量约占两个校区流通总借还量的33%,运行较为稳定。自助借还系统提高了图书流通效率,减轻了工作人员的负担,帮读者摆脱了开放时间对归还图书的限制,提高了工作效率,节省了读者借还等待的时间。

2. 自助复印、打印

自助复印、打印系统实现了读者自己复印、打印,系统自动扣款的功能,无需管理员干预。该系统由后台服务器、管理端、复印和打印控制器等模块组成。后台服务器安装在一台专用服务器上,负责数据的存取和与各模块通信。管理端安装在需对本系统进行管理或查询统计的管理计算机上,管理员设置打印复印点、设置费率,查询统计均通过该管理端实现。打印和复印控制器放置在各打印复印点上,由刷卡器、与复印机的连接器、与后台进行通信和负责处理打印的主机几部分组成。一个功能完整的自助复印、打印系统应该具有身份识别、卡片管理、账务管理、自助复印、打印等功能,能够确保数据的安全。

现在许多高校和公共图书馆开展了自助复印、打印服务,如东华大学图书馆。该校师生可在图书馆内任意一台装有自助服务一体机上进行复印打印,并在一体机上,方便地用校园卡进行自助刷卡缴费,并取走所复印打印的文档。

---

① 李娟,杨峰,习亚萍,等. 自助借还系统及其在西安交通大学图书馆的应用
　[J]. 晋图学刊,2013,137(4)

8.1.2.2　馆外自助服务

馆外自助服务就是利用先进的技术手段如自助借还书技术、门禁系统、监控系统和物流系统等,为读者提供自助借还、办证、查询、预约等服务。馆外自助应包含自助图书馆服务机、物流系统、中心服务系统、监控系统四个部分,通过设置在街区的自助图书馆服务机,读者可以享受申办借书证、自助借还书、预借服务、查询服务等自助服务。该种自助服务时间不间断,使用便捷,适应城市读者快节奏、高效率的生活学习方式。如深圳图书馆的"城市街区 24 小时自助图书馆",通过RFID 技术,实现了用户注册、确认、导航、定位、上架、盘点等功能。市民可以通过自助图书机在无人环境下自助办证、自助借书、自助还书、查询、预借图书以及享受电子文献传输等服务,自助图书机使图书馆的服务延伸到城市的各个角落。东莞图书馆也推出了无人值守的自助图书馆,服务时间不受主馆开放时间限制,凭总分馆有效读者证就可开启自助图书馆的大门。自助图书馆藏书万余册,配有阅览桌椅、报纸、空调等设施设备,在主馆闭馆期间提供自助借还书和阅览服务。

除了在传统服务中运用新的技术手段提高服务效率,增强用户服务体验,图书馆也积极利用其他技术手段进行创新服务。

8.2　数字时代图书馆服务手段

随着计算机技术、网络技术和通讯技术的发展,人们每时每刻都能享受到现代化通信手段所带来的便利和快捷服务。如何充分利用网络技术来进行个性化服务,提高图书馆的服务水平,是摆在图书馆面前的一个新课题。各类网络化信息服务系统大量的出现和使用,导致了学术信息交流体系和信息服务市场的重组,使图书馆丧失掉一部分用户和市场。图书馆在文献服务方面的垄断地位已被动摇,单纯的信息资源服务已难以维持其知识内涵,难以提高对用户的贡献程度。

传统图书馆职能的转变已是不争的事实。图书馆无论是在信息处理还是在信息服务方面都经历着一场深刻的变革,只有与新技术快速地接轨,图书馆才能不断满足广大读者多种多样的个性化需求。

8.2.1 基于 Internet 的服务手段

随着 Web2.0 的发展,图书馆迎来图书馆 2.0 时代。著名的计算机专家、数字图书馆专家 Michael Stephens 指出:"图书馆正在迈向公开、对话与合作参与的 2.0 时代。"①Web2.0 的出现改变了读者的阅读方式,给图书馆带来读者服务的新问题,对图书馆的影响不仅是在技术层次上,更多的是对图书馆服务方式、服务理念的变革,即更加关注图书馆服务对象,提供的服务更加个性化,由被动服务走向主动服务。

8.2.1.1 突破网络限制,拓展服务广度

互联网的普及、移动通讯技术的进步、信息化程度的提高,使图书馆的信息服务工作发生了翻天覆地的变化,但同时,受版权等限制,资源共享工作也面临着前所未有的重大挑战。面对这种情况,图书馆借助各种技术手段,提出对优秀资源进行安全、可管理、可认证的访问解决方案。

1. VPN 虚拟专用网

近年来,数字图书馆的概念已为很多读者熟悉,但人们对数字图书馆的理解,特别是对其技术内涵的理解不尽相同。其中安全技术作为数字图书馆技术应用的一个重要方面,是其走向实际应用的关键,数字图书馆的建设进程越来越快,这使得分布在世界各地的数字图书馆和读者之间的联系越来越紧密。数字图书馆系统不允许与不信任的站点连接。因为网络攻击可能导致系统停工和敏感数据的公开暴露,所以保护信息不被未经授权的第三方破译或修改是高度优先的事

① 王惠,王树乔,王敏,等. 基于 Wiki 的图书馆应用研究[J]. 现代情报,2013, 33(7)

情。由于在 IP 协议设计之初并没考虑过多安全问题,网络中经常发生攻击或机密数据被窃取等问题。因此安全的远程接入数字图书馆网络成为数字图书馆系统亟待解决的问题。

VPN(Virtual Private Network,虚拟专用网)是一种通过对网络数据进行封包和加密,在公网上传输私有数据,同时保证私有网络安全性的技术。[①] 它兼备了公网的便捷和专用网的安全,使单位可以利用公网通过加密等手段来组织自己的"专用网"。IPSec VPN、SSL VPN 是目前使用主流的 Internet 远程安全接入技术,它们具有类似功能特性,但也存在很大不同和各自擅长的应用取向。[②]

IPSec 意思为"因特网安全协议"。IPSec 协议是网络层协议,它是为保障 IP 通信而提供的一系列协议族,针对数据在通过公共网络时的数据完整性、安全性和合法性等问题设计的一整套隧道、加密和认证方案。通信双方要建立 IPSec 通道,首先要采用一定的方式建立通信连接。在 IPSec 协议中,一旦 IPSec 通道建立,任何 IP 应用都可以通过它,并且在访问内网资源时,远程用户与本地局域网内的用户几乎一样,但移动用户需要安装客户端软件,这增添了使用和维护的复杂度。SSL 中文名为"安全套接层协议"。SSL 协议是保障在 Internet 上基于 Web 的通信安全而提供的协议。SSL VPN 保障 Web 浏览器和 Web 服务器之间的信息安全,它提供的是应用程序的安全服务,而不是网络的安全服务,因此,也常被称为"应用程序层的 VPN"。由于常用的 Internet Explore、Netscape Navigator 等浏览器都内嵌了 SSL 协议。SSL 的客户只需登入浏览器即可连入总部服务器,使用灵活,所以它是移动接入的最佳解决方案,但对许多 C/S 应用程序不兼容且不能网对网互连。

目前,VPN 技术已在图书馆业界广泛应用,尤其是在高校图书馆,

---

① 关鑫. VPN 技术在高校图书馆中的应用[J]. 科技情报开发与经济,2009,19(19)

② 申飞驹. SSL VPN——数字图书馆的发展方向[J]. 现代情报,2011(11)

108

解决了非在校教师和学生获得图书馆电子资源的问题,受到高校图书馆的极大重视。

以沈阳理工大学图书馆为例,该馆的电子资源大部分是由数据商提供的在线资源,采取了限制 IP 地址和限制单个 IP 地址所产生的流量双层限制。为打破这种限制,该馆将大量的校外用户群分为两个类型:一类是使用图书馆资源较为频繁、访问数据量较大的用户(以分校区图书馆工作人员,居住在校外或者出差的教师为主,数量较少),另一类则是使用次数较少、访问数据不多的用户(以学生为主,数量较多)。通过用户划分,给访问量大但数量少的教职员工用户分配 IPSec 接入方式,这样就可以把大量的用户流量分配到不同的 IP 地址上,避免单个 IP 流量过大造成拒绝的问题;而那些数量众多但访问量小的学生用户分配 SSL 接入方式,利用 SSL VPN 无需部署客户端的特性大大降低客户端的维护工作量,从而实现 VPN 在图书馆应用的快速部署。

2. FTP 服务

近年来,读者对信息需求的不断增大,网络内的文件传输、资源共享、数据交换等操作的日益频繁,要求图书馆服务器提高传输和交换信息的速度,所以各高校在文献信息资源建设、自动化建设方面投入力度不断增大,用来满足广大读者对信息资源的需要。目前,大多数馆员和读者依然采用移动存储设备或网络邮箱等方式来进行文件调用和传递,这样无论从效率和安全方面都不适应网络信息技术发展和要求。FTP 服务器的功能完全可以解决这样的问题。目前大多数高校图书馆都与互联网连接,读者无论在校内或校外都可以通过 FTP 服务器访问图书馆信息,同时获取和交流所需资源。在为读者提供传输信息服务的同时,FTP 服务器还可以存放大量图书馆业务规则、工作规范等方面重要材料方便馆员随时使用。

FTP(File Transfer Protocol),是文件传输协议的简称。用于 Internet 上的控制文件的双向传输。同时,它也是一个应用程序(Application)。① 而FTP服务器,则是在互联网上提供存储空间的计算机,它们依照FTP协议提供服务。用户可以通过FTP把自己的计算机与世界各地所有运行FTP协议的服务器相连,访问服务器上的大量程序和信息,可以下载文件,也可以将自己的文件上传到FTP服务器中。在众多的网络应用中,因其应用的方便快捷,FTP(File Transfer Protocol)有着非常重要的地位。其中Internet中许多软件资源和大量的多媒体信息都是放在FTP服务器中。可以说,FTP与WEB服务几乎占据了整个Internet应用的80%以上。FTP服务可以根据服务对象的不同分为两类:一类是系统FTP服务器,它只允许系统上的合法用户使用;另一类是匿名FTP服务器(Anonymous FTP Server)它允许任何人登录到FTP服务器上去获取文件。

FTP服务器能解决读者安全传输,交流各种信息资源的需求。因此,图书馆只需要将各类的软件、图像、音乐、文本文件发布到图书馆FTP服务器中,这样就可以为读者提供方便快捷的信息服务。同时,读者也可向一个特定的FTP服务器中一个特定的站点提供信息,上传各种资料来互相交流,这样更加提高了信息交流的针对性。所以,图书馆应该也必须建立FTP服务器,并对其进行安全管理,以便满足读者快速安全传输、获取、交流信息的需要。但FTP服务器在大量信息传输过程中也面临以下三种安全问题:(1)服务器传输信息过程中的拥塞问题;(2)服务器传输信息过程中的病毒问题;(3)服务器传输信息过程中的攻击问题。因此在FTP服务应用时,一定要限制连接数量,制定用户访问规则。

北京服装学院图书馆建立了自己的FTP站点,这个站点既满足了大文件传输的需要,为本校师生读者提供了大量的数字资料,同时也体现了该校图书馆的服装艺术特色。

根据该校的实际情况和特色,FTP管理员对文件进行了搜集和分

---

① 吴学辉. FTP服务器安全性的实现[J]. 大众科技,2008(2)

类,类别主要有常用软件、学习资料、电影、音乐、图片、电子书籍、幽默资料、随书光盘、其他等几类。FTP 服务器的管理主要是用户管理和文件管理。用户管理方面,站点目前支持匿名访问,但是下载速度设置得不是很高;站点提供上传账号和密码并鼓励用户上传,要求用户按文件分类上传,便于对上传文件的收集和管理;给本校读者尤其是教师提供"高速限期"下载和上传账号,对本校教师的教学和科研工作提供支持。文件管理主要是文件的收集和分类。文件的收集主要是收集图书馆购买的随书光盘和网络上下载的资料。

目前北京服装学院图书馆的 FTP 站点已经开通,各种资料的收集已达 300G 之多,目前还在继续增加之中。实践证明 FTP 服务传输速度快,下载容易,给读者带来了很大的方便,读者在这里可以找到他们需要的文献资料。比如 FTP 站点提供的"广告创意图库"图片受到读者的极大欢迎,满足了服装艺术专业师生对图片的教学和学习的需要。

3. 个人信息工具

为让用户更加方便快捷地获取文献信息和相关服务,很多图书馆借助网络浏览器或自主开发了不少桌面信息工具,使用户在用个人计算机浏览网页、编辑文件、讨论问题的过程中,一旦发现自己关心的问题,不用跳出自己的工作环境,不必中断自己的使用过程,直接划选相关词句,自动检索图书馆的各种数据库、服务系统或网络搜索引擎,自动获取相应信息,回到用户的当前使用环境,是一种嵌入式服务,如中科院国家科学图书馆的"e 划通"、清华大学图书馆工具条等。

中科院国家科学图书馆开发的"e 划通"使得用户不必专门到国家科学图书馆网站就能方便、快捷地获取信息,使资源和服务直接嵌入和融会到用户个人的工作、学习环境中。e 划通的主要功能有:[①]

---

① 国家科学图书馆推出"e 划通"桌面信息工具[EB/OL]. http://www.cas.cn/
xw/yxdt/200701/t20070130_983770.shtml

（1）划词搜索的功能。用户可以在浏览网页、编辑文件（Word、记事本、写字板环境）或撰写电子邮件时通过鼠标划词的方式，选择自己要查询的主题，自动即时查询图书馆的馆藏图书及期刊目录（包括联合目录）、各个专业数据库中的期刊全文、Google Scholar 等搜索引擎以及学位论文、会议文献、科技报告、辞典、专利文献和标准文献等，获取自己所需要的信息。查询结果和用户直接登录到图书馆网站的查询效果完全相同。（2）方便清晰的检索渠道。"e 划通"按照用户使用目的、使用习惯来组织查询服务，分为"查图书""查期刊文章""查期刊""查网络资源""查专门资源"（学位论文、专利、会议论文等），不再是按照图书馆的分类习惯或者数据库名称等来罗列资源。而且，用户可以根据自己的专业兴趣和使用习惯，选择定制自己首选检索的数据库，例如物理研究所用户可将美国物理学会期刊库设为"查期刊文章"的首选检索对象，而化学研究所用户则可将美国化学会期刊库选为"查期刊文章"的第一途径。（3）集成了"问图书馆员"的功能。用户使用"e 划通"过程中（或者在自己的工作学习中），如果遇到查找信息中的疑难问题，可以利用"e 划通"中"问图书馆员"功能，直接向图书馆员提出问题，获得实时回答，如果负责实时回答的图书馆员正在接待其他用户，还可以将问题转为邮件发给图书馆员。"e 划通"还将进一步集成其他实用信息的查询功能，使得用户不离开自己的工作环境就能查知各种信息。

　　清华大学开发的 Thu_library 工具条[①]可以使图书馆用户在连接网络时即时、快捷地连接到图书馆的资源和服务。安装该工具条后，只要打开浏览器，无须经由图书馆主页，通过点击工具条上的栏目，即可直接查询图书馆馆藏书目、电子资源、电子期刊等，也可快速链接到电子图书、常用检索工具、图书馆电子资源动态等栏目，主要功能有：（1）检索馆藏书目系统、数据库、电子期刊、搜索引擎（包括 Google 学

---

① 图书馆工具条[EB/OL]. http://www.lib.tsinghua.edu.cn/service/toolbar.html

术搜索、百度)等;(2)点击"清华大学图书馆资源导航",即可直接获得图书馆提供的学术信息资源门户、期刊导航、数据库导航等;(3)点击"电子图书",即可链接到各个电子图书系统检索并浏览用户需要的电子图书;(4)点击"图书馆动态",可随时获得图书馆电子资源动态,开闭馆通知,报告厅讲座等动态信息;(5)点击"常用检索工具",可以选择进入 EI、SCI/ISTP/SSCI/ISSHP、CSSCI 等检索工具进行检索,还可以配置常用电子邮箱的提醒,以及随时查看北京地区天气温度等;(6)可以通过工具条选项实现工具条的缩展,定制其他常用工具,如 Microsoft Word,Microsoft PowerPoint 等工具。网络工具条的开发应用在大学图书馆得到了广泛应用,如华东师范大学图书馆、云南大学图书馆等高校都有使用。

8.2.1.2 避免系统切换,检索一站式完成

随着计算机存储技术的快速发展与网络的迅速普及,通过互联网提供数据库的查询已成为图书馆的主要服务方式。图书馆购买和自建的数据库数量日渐增加,种类日益丰富。然而,由于各数据库在数据结构、检索机制、检索操作方面存在差异,在资源范围方面存在交叉重复,使得用户的检索负担过重。如何从用户的角度一站式地检索多个不同类型的数据库资源,已成为图书馆需要解决的一个主要问题。跨库检索系统正是为了解决这一问题而产生的。

跨库检索(Cross-database Search)系统,一般被认为是以多个分布式异构数据源为对象的检索系统。这种系统向用户提供统一的检索接口,将用户的检索要求转化为不同数据源的检索表达式,并发地检索本地的和广域网上的多个分布式异构数据源,并对检索结果加以整合,在经过去重和排序等操作后,以统一的格式将结果呈现给用户。[①]

目前,很多大中型图书馆都自建或购买了跨库检索系统,为用户

---

①　李广建,张智雄. 国外跨库检索系统研究项目及其特点[J]. 情报理论与实践,2005(4)

提供了很多便利,比如国内清华同方的 USP 检索平台、国家科学数字图书馆(CSDL)跨库检索系统;国外 ExLibris 公司的 MetaLib、WebFeat 公司的 WebFeat Prism 等。

1. 清华同方异构数据库统一检索平台 USP

清华同方在数字图书馆管理系统中提供了异构数据库统一检索平台 USP(Union Search Platform)。USP 是一个智能化的网络数据库检索平台,它通过一个统一用户界面帮助用户在多个网络数据库搜索平台中实现信息检索操作,是对分布于网络中的多种检索工具的智能化整合。USP 系统的特点如下:

(1)通用性好。USP 系统最大的优点是不受 Z39.50、OAI、Open URL 协议的限制,任何在 Internet 上通行的网络数据库,都是统一检索平台的对象,实现了真正意义上的"统一检索",无需数据库提供商提供接口,因此 USP 的覆盖面很广,95% 以上的网络数据库都可以进行配置。

(2)智能化的网页分析系统。USP 采用的是基于 COM 组件的智能化网页分析结构,可以对多个搜索引擎返回的结果同时进行多线程分析,并以最快的速度将最合理的结果反馈给用户,结果分析正确率达到 99% 以上。

(3)个性化的检索结果显示。USP 为用户提供个性化的检索服务,用户不仅可以随时配置自己感兴趣的搜索引擎,而且可以选择适合自己的检索结果显示风格,可以指定每页显示的结果条数,真正地拥有自己的信息检索平台。

(4)对数据库检索结果有多种浏览方式。USP 为了方便用户浏览检索结果,设定了三种检索结果的浏览方式,用户既可以分别浏览单个数据库的检索结果,也可以把所有数据库返回结果按返回的先后顺序排列后混合检索,还可以对当前已经返回的结果按照相关度排序进行浏览。

(5)支持完全由用户配置的数据库分类检索功能。对于被检索数

据库数量比较大的情况,USP 提供了数据库分类检索功能。目前,USP
支持国内外几十种主流的网络数据库,如 ABI、INSPEC、EI、IEEE/IEE、
JCR、NTIS、PQDD、CSA、EB2SCO、Academic、Nature、Springer、中国期刊
网、万方数据库、高校学位论文、超星电子书、中国资讯行、方正电子
书、书生电子书、中国生物医学文献、国研网、专利全文库等。同时亦
被许多图书馆引入使用,如南开大学图书馆数字资源中心、首都医科
大学数字图书馆建设平台、北方工业大学数字资源建设园地等。[①]

2. 国家科学数字图书馆(CSDL)跨库集成检索系统

Cross Search 跨库集成检索系统是国家科学数字图书馆(CS2DL-
China National Science Digital Library)的子项目之一,该系统可以在实
体资源分散的情况下实现"虚拟的资源整合",从统一的检索入口检索
多种异构资源,统一呈现结果,从而方便用户使用,节约用户检索时
间,因而被许多数字图书馆专家认为是实现资源和服务整合的利器。[②]

"Cross Search 跨库集成检索系统"已集成 6 类近百种不同来源、
不同结构的数据源,包括全文数据库、文摘索引数据库、电子图书资
源、网络免费资源、联合目录资源以及国内外重要的 OPAC 资源。该
系统已经基本上覆盖 CSDL 所购买的所有网络信息资源,科研人员在
家里、办公室,甚至在车上都可以通过这一系统进行信息资源的检索、
发现和获取。目前此系统已在中国科学院文献情报中心、中科院昆明
植物研究所图书馆等多个图书馆应用。

Cross Search 系统特点如下:

(1)检索结果的统一呈现。检索结果显示页面根据检索页面中用
户选择的各种参数,包括排序标准、去重标准及每页显示的记录数进
行显示。页面上提供了排序、去重、显示级别、每页显示的记录数及分
页功能,用户可以根据自己的需要进行多种方式的显示,并提供二次

---

① 李书宁. 数字图书馆跨库检索技术研究[J]. 数字图书馆论坛,2005(2)
② 李晓莹. 图书馆异构数据库检索系统功能分析[J]. 情报杂志,2007(2)

检索功能。

（2）个性化的资源定制。跨库集成检索系统面向注册用户和非注册用户提供不同层次的服务功能。注册用户可以建立自己的主题，选择所需要的数据库资源添加到"我的数据库资源"列表。当用户执行检索时，可以从"我的数据库"中选择，从而避免每次检索时重复选择数据源；系统不对非注册用户提供资源定制、全文字段检索、查看全文等功能，非注册用户进入系统后，只能直接从"选择列表中资源"中选择数据源进行检索。但是，Cross Search 系统无高级检索功能，且目前仍无法实现网络免费资源，如 Google 等的检索，且检索等待时间较长。

3. MetaLib 系统

MetaLib/SFX 系统是以色列 Ex Libris 公司开发的功能强大的图书馆信息门户系统，该系统于 2001 年推出，至今在全球拥有 680 家用户，其同类产品市场占有率达到47%。一个标准的 MetaLib 系统结构由四类应用功能组成：[①]

（1）通用网关（Universal Gateway）。对各种不同结构、不同数据句法和不同通信协议的数据库进行同时、广泛的检索；对不同来源的检索结果融合、重新编排，合并成统一的浏览清单；允许用户进行二次检索。

（2）资源存储（Resource Store）。提供一个图书馆拥有的电子资源目录，对可供检索数据库的各种特性（如主题、语种等）进行描述与组织；允许用户建立自己的档案，对自己感兴趣的资源进行整合；支持许可协议和版权控制，准许直接进入各数据资源检索。

（3）个性化和用户管理（Personalization and User Administration）。MetaLib 提供一个用户数据库对图书馆的用户信息进行管理，制定用户认证和访问控制权限的政策，允许用户建立个性化的检索环境，并提供检索策略和检索结果的保存，定期发送定题情报服务。

---

① 胡娟. 数据库统一检索平台的功能比较[J]. 现代情报,2005(4)

（4）扩展服务（Extended Services powered by SFX）、延伸服务（SFX 的链接功能）。MetaLib 可以与 SFX 结合在一起,通过 SFX 可实现不同 Web 学术信息资源的动态链接,这些资源包括:全文电子资源、题录和文摘数据库、引文数据库、图书馆在线书目系统、电子印刷本系统及其他 Web 资源。

MetaLib 目前已经是可以投入运转的成熟产品,其主要优势表现在以下几个方面:

（1）面向全球的开发策略。Ex Libris 的产品完全采用 Unicode 支持,具有多文种处理能力。

（2）基于通用数据库平台的开发环境。MetaLib 采用 Oracle 作为底层数据库,方便用户操作管理。

（3）提供基于网络的知识库配置工具（允许用户自动更新本地知识库）和随软件一起提供的 MetaLib 知识库数据服务（放置机构资源使用的数据和规则）。但是,MetaLib 知识库的本地装载和持续维护比较复杂,需要有 IT 背景的技术人员才能胜任。资源提供商针对使用控制、用户界面以及数据库结构等的任何变化都需要对 MetaLib 知识库中的配置做相应的修改,在 Ex Libris 技术人员的支持下也要几天时间才能完成重新配置。

4. WebFeat Prism 系统

WebFeat 公司是一家较专业的跨库检索系统开发公司,其产品 WebFeat Prism 已被 EPIXTECH 和 ISI 所使用。WebFeat Prism 系统由以下 3 个模块组成:

（1）研究模块。用户可从统一的界面检索所选择的各种信息资源,检索结果可以排序和组织。检索界面可由用户定制,用户可以添加自己的标记和修改颜色,放置数据库介绍和帮助文件。可保存检索策略、定期发送定题情报服务、E-mail 发送检索结果。

（2）用户认证管理模块。系统管理员可很方便地设置和修改用户的访问权限,并针对不同用户调整不同的访问权限或设置访问特权。

（3）使用跟踪模块。获取用户访问各种信息资源的使用信息，包括登录或退出检索系统的次数和时间、用户的各种输入和检索信息，结果在 WebFeat 上显示或以 Excel 等格式输出，以备对数据详细分析。该模块如与用户认证管理系统结合使用，可以产生数据库使用的各种细节报告。

WebFeat Prism 系统的特点：

WebFeat Prism 不仅仅是一个检索软件，更是一项信息服务。WebFeat 使用跟踪模块（WUT）追踪和报告集成到 WebFeat 系统中的数据库的访问情况，抓取的信息包括登录和注销的次数和时间，检索命中的 session，点击和访问全文记录的次数，通过检索词、布尔逻辑式、过滤器分析到的检索偏好等信息；WebFeat 用户认证管理模块（WAM）可以在图书馆、用户组和单独用户 3 个层面进行身份认证和灵活配置，能够满足机构中各成员对不同数据库按钮和风格的需要以及多个图书馆共用一个 WebFeat 系统的需要，能够实现不同的用户实体对订购数据库有不同的使用权利。[①]

跨库检索作为新的服务方式正在蓬勃开展，还有其他检索系统也在陆续开发投入使用如 CALIS 统一检索系统，它针对中心、各高校图书馆和商业数据库中的各种异构数字资源进行整合，为用户提供一种更好的整合检索服务，检索系统整合了中文数据库 120 个，西文数据库 129 个，其中还有很多高校成员馆的自建特色数据库，如敦煌学数据库、巴蜀文化数据库、蒙古学文献数据库等。但从现有的跨库检索系统来看，其功能还远未达到令用户满意的程度。尤其是国内的一些跨库检索系统，由于功能过于单一，检索机制过于简单，没有有效地形成知识网络，不注重特色与细节开发等原因，在某种程度上并没有满足用户的真正需求。因此，跨库检索作为一种新的服务方式，在其建

---

① 王效岳,王志玲.国内外异构数据库统一检索系统的比较研究[J].情报杂志,2005（12）

设完善过程中,应注重根据用户需求的不断变化来进行功能调整,使其真正成为用户能欣于接受的服务。

8.2.1.3 利用网络交流工具,营销图书馆服务

为了提供优质、高效、专业的服务,图书馆充分利用现代信息技术,提高数字资源提供能力和使用效率,以服务创新应对信息时代的挑战。网络交流工具起着必不可少的作用,促进图书馆完成由"藏书阁"到"信息楼"的转变。现在常用的网络交流工具有即时聊天工具(QQ、MSN、飞信、阿里旺旺等十几种)、电子邮件、BBS、博客、微博等。

网络交流工具有以下优点:(1)简单易用,QQ、电子邮件、BBS、RSS、Blog、微博等都是人们进行网上交流的常用工具,它不要求使用者掌握图形处理、网页制作、网页发布等相关技术,使用者也不需要学习网页语言,只要能够上网、会打字,都可以学会运用,可以较容易的应用到工作中;(2)费用低廉,随着网络的普及,网络交流工具也得到了广泛应用。到目前为止,几乎所有提供网络交流工具的公司均未收费,只要能够上网,网络交流工具就可以免费应用;(3)高效快捷,容易管理,网络交流工具不管是即时聊天还是其他模式,通常都以时间序列(正序或倒序)组织其内容,使人较易获得最新信息,并有利于管理和检索,同时也可以反映思路的形成过程、事物的发展全貌;(4)互动性,网上交流具有环境虚拟性、方式多样性、时空开放性等特点。网络环境下的交流是运行在虚拟时空中的交流,感觉也许很真实,但毕竟不同于面对面的直接交流。网络交流工具提供了一个开放自由的平台,使得大家能在相互呈现、阅读过程中就某一共同关心的话题展开深入的探讨。

1. 即时聊天工具(以 QQ 为例)

QQ 是一种方便、实用、高效的即时通信工具,除了具有简单易用、费用低廉等特点,QQ 等聊天工具可以随时随地进行交流信息,面对面地进行语音视频互动,并随着功能的不断开发完善,QQ 还具有离线信息收发、文件传送、远程协助及创建 QQ 群等功能。对于图书馆工作

的开展,实现网络化服务,QQ发挥着不可替代的作用。

QQ在图书馆的应用充分体现了个性化服务,拉近了读者与图书馆的距离,有利于创建和谐图书馆,现在的具体应用包括:

(1)利用QQ对读者进行解惑答疑

图书馆可以借用QQ搭建的平台,对读者在利用图书馆过程中所遇到的各种疑问进行解答,譬如说:如何续借图书、能续借多少次、不带书能否办理续借手续等一系列问题。

(2)利用QQ对读者进行教育与培训

利用QQ对读者进行教育与培训是指工作人员利用即时通信QQ以聊天的形式向读者讲解有关图书馆的业务知识,或者把需要的培训内容以文本形式或视频的格式发布在QQ空间或QQ群视区供读者查阅或下载。

(3)利用QQ功能传递电子文献资料

QQ具备一个强大的功能就是可以传送在线文件或者离线文件,也就是说当读者需要某种电子文献向咨询人员发出请求时,如咨询人员在线,咨询人员选定要传送的文件,点击发送,等待对方接受,即完成了在线文件的传送;如咨询人员在线而读者不在线时,咨询人员收到留言后,可点击"发送离线文件",离线文件可上传到服务器,为读者保存七天的时间,当读者一上线就会首先接收到离线文件,直接点"另存为"即可,从而完成了文件的离线传送过程。此项功能根据发送文件大小,其需要的时间不等,但要比其他工具发送文件更及时、更方便。其大大方便了读者获取有效的资源信息的来源,从而提高了图书馆的资料利用率,实现了图书馆的职能作用。

在当今网络全球化、信息化时代,把QQ等即时通信运用到图书馆实际工作中去,是对现有图书馆工作手段、模式的一种改革和完善,有利于促进图书馆事业的发展,但也应该建立读者反馈机制,把读者对图书馆的各种意见、建议进行收集整理、研究分析,找出解决问题的方法。

2. 电子邮件（E-mail）

电子邮件在沟通上具有方便、及时、不被干扰以及费用低廉等特性，读者可以更方便地通过电子邮件向图书馆员询问各种问题、表达意见、荐购书刊或申请馆际互借等。

群发图书馆开展的服务信息。可在馆内局域网上，以电子邮件或电子公告的形式传送新到书信息，确保使用局域网的读者能及时了解馆藏新书刊情况，图书馆还可通过电子邮件主动告知读者新增了哪些特色专题服务内容、将要举办哪些读书活动等。

图书馆主动把最新消息发送至读者的邮箱，包括：告知读者图书馆正在提供哪些新的服务，将举办哪些图书馆利用知识指导活动，开展哪些讲座或者讨论会，增订了哪些新的数据库，哪些服务做了何种变动，何时闭馆等信息。既可以帮助读者了解图书馆的最新动态，还可以提高图书馆的服务质量，树立良好的外部形象。

发送外借图书到期提醒。图书馆可通过电子邮件通知方式开展图书超期催还和图书到期前催还提醒服务，以加快馆藏资源的流通。

预约图书、发送到馆信息和预约续借。对于一些流通率较高的书籍，读者可以通过电子邮件预约的方式达到借阅之目的；对于那些正在利用却已经到期的图书，可以通过电子邮件续借的方式达到延期的目的。这样读者不必亲临图书馆，节约了其借阅时间。同时图书馆能够向读者发送预订新书到馆的信息。

图书馆肩负着社会再教育的职能，单纯使用吸引读者进馆读书的方式很难达到满意的效果。图书馆可以利用电子邮件，将图书馆手册、各种数据库的检索手册、图书馆利用等方面的讲义或者材料等转换成数字资源，或者制作成 PDF 文件，发送给有需要的读者，有意识地对读者的利用意识进行引导，让读者足不出户就能及时学习新的知识，指导读者查找资料、检索数据库或者查找网上的公共目录等，更好地利用图书馆的文献资源和数据库资源，使图书馆的教育功能得到更充分发挥。

推荐读物。推荐读物分为两种：一种是新书推荐。图书馆每购进一批新书，便可以根据事先对读者详细需求的学科分类，将符合读者需求的新书书目通过电子邮件传递到读者手中。目前，国外很多图书馆已经开展了电子邮件跟踪推送服务。用户仅需提交主题词和自己的电子邮箱地址，图书馆可以根据读者的需要来判断读者所需，将所得相关结果定期、自动地发送到用户的电子邮箱。如果用户想要变更自己的跟踪主题，也可以随时自主更改。这种针对性的新书推荐能够在很大程度上提高宣传的效果，更具有主动性和时效性。另一种是好书推荐。图书馆将近期流通量最大的以及最受读者欢迎的资料编作一份书目，在获得许可的前提下发送给每一位首次登记电子邮箱地址的用户以及愿意接受建议的读者。在线书店亚马逊（Amazon. com）就通过顾客的购物历史记录向愿意接受建议的顾客发送电子邮件，并且提出一些建议，从而赢得了许多忠诚的客户。

一般电子邮件往来。可以在图书馆网站公布图书馆咨询邮箱，以便对图书馆的服务满意度进行监督，接收读者建议；也可以面向读者发放调查问卷，以便了解图书馆的服务水平等。

电子邮件的应用拓展了图书馆服务的渠道，图书馆在迈向电子图书馆或虚拟图书馆的方向发展中，了解远距读者以及提供电子化服务是很重要的，提供电子邮件服务即是其中重要的一步。应继续进行读者研究，探讨网络读者与非网络读者的信息需求差异，了解远距读者的信息需求，规划适当的远距服务。

3. 博客（Blog）

Blog 是一种用来表达个人思想，按时间顺序排列，并且不断更新的网络出版和交流方式。[1] Blog 通常是由简短且经常更新的张贴构成，这些张贴的文章都按照年份和日期排列。一个 Blog 就是一个网页。Blog 的内容和目的有很大不同，从对其他网站的超级链接和评论

---

① 吕智，吕军艳. 博客（Blog）应用于图书馆服务的探讨［J］. 现代情报，2006（9）

到有关公司的新闻和构想,或是个人的日记、照片、诗歌、散文的发表,或是一群人根据某个特定主题抑或是共同目标进行的合作等。

目前 Blog 也逐渐进入了图书馆工作中,为提高图书馆的工作效率和服务质量发挥着越来越重要的作用,具体来说,有以下几个方面的应用:

(1)读者 Blog,图书馆与读者全方位交流的全新平台。通过这个平台,图书馆能快速、高效地发布相关信息,向读者展示图书馆的最新动态。另外,让读者有一个充分表达自己意愿和想法的"场所",也让图书馆更全面、及时地了解读者的需求。可以说,这是一个方便、民主、及时、丰富的平台。

(2)知识 Blog,知识共享与个人知识管理的有效系统。Blog 天生就有一种知识聚类和知识管理的能力,它是一种"零进入壁垒"的个人知识管理工具。所谓"零进入壁垒"即是零编辑、零技术、零成本、零形式。知识 Blog 可以提高知识共享与知识管理工程的进度和可行性。同时,知识 Blog 能被最大化地共享,所有的人同时成为知识共享工程的受益者和贡献者。Blog 文本处于动态的不断修正、更新中,体现出一种集体创作的特征,文字在不同作者间游走,成为"众手相传的集体创作"。

(3)学科 Blog,构建学科导航和协作学习的平台。这个平台能够很好地解决不同学科之间的交流问题,更是为不同知识领域的研究人员和专家学者之间提供了一个交流的平台。任何一个研究人员或专家学者都不可能精通所有学科的所有领域,而学科之间又是相互渗透、彼此交错的,有时一个课题涉及的知识领域也是多样的,不同的学科看待问题的角度也不一样,这就需要研究人员与不同领域的专家进行充分有效的沟通和交流,相互协作学习。另一方面,学科 Blog 有利于某一专业领域的不断深入和渗透,使"内容更加集中,更加易于聚类",在提高读者获取所需信息和文献资源的效率和速度的同时,也在很大程度上提高了读者查阅信息资源的水平和档次。

利用 Blog 推广图书馆服务、发布消息、新知识及做知识经验的分享,在图书馆界是切实可行的。同时图书馆基于 Blog 的功能特性,在实务上有所突破而提升服务,确为图书资讯服务,注入了新的活力。虽然一个良好的 Blog 的维护不易,但是,如果图书馆能充分研讨读者需求、馆员需求、技术人力等,在资讯管理、系统安全、优质内容发展等方面做充分的掌握,并考量隐私权的保障,则应用 Blog 提升服务,建立新形象,应是可靠的。

4. 微博(Micro-blogging,Microblog)

微博是将博客与即时消息(IM)服务相结合的一种 Web2.0 形式,根据维基百科的解释,它是指"一种允许用户及时更新简短文本(通常少于 200 字)并可以公开发布的博客形式,它允许任何人阅读或者只能由用户选择的群组阅读"①。最早也是最著名的微博网站是美国的Twitter。随着 Twitter 的日渐火爆,国内也出现了类似的网站,如饭否、滔滔、嘀咕等。2009 年 8 月中国最大的门户网站新浪网推出"新浪微博"内测版,成为门户网站中第一家提供微博服务的网站,微博正式进入中文上网主流人群视野。

微博是一种互动及传播性极快的工具。用户每次只要编辑 140个左右的字符就可以利用各种终端(如 PC、手机等)将自己的想法以短文形式发送给好友或关注者。用户在微博上收到的都是自己选择的信息,信息传播更具有针对性。相对于强调版面布置的博客来说,微博的内容组成只是由简单的只言片语组成,对用户的技术要求门槛很低,而且在语言的编排组织上,没有博客那么复杂,只是字数有所限制,用户可以即时更新自己的个人信息。

图书馆微博的建站方式主要有两种:(1)托管类微博,即利用在线微博服务提供商的技术和空间建立微博。这种方式省时省力,技术要求也不高,但对于界面和功能的控制范围比较小,而且存在数据安全

---

① 维基百科. 微博客[EB/OL]. http://zh. wikipedia. org/zh-cn/微博客

等方面的问题。(2)利用第三方软件在本馆的网络服务器上构建微博。该方式建站对图书馆员的技术水平和能力有一定的要求。当然,和托管类微博相比,其对界面和功能的控制范围有所扩大。微博重视的是方便快捷,其内容简短,对存储安全方面的要求并不高,而且目前微博服务提供商提供的微博功能也较为完善,因此目前国内外图书馆微博,主要采用第一种方式建站。国外主要利用的微博服务提供商几乎全部为 Twitter,利用其他服务商的极少,只有美国芝加哥公共图书馆(同时也在使用 Twitter)、加利福尼亚州 Aptos 中学图书馆和得克萨斯州 Beeville 的沿海湾学院图书馆(Coastal Bend College Library)三家采用 Tumblr。其他的微博客服务提供商还有 Jaiku、Pownce、Plurk 等。①

国外图书馆微博站点所提供服务的主题内容主要包括以下几类:(1)新闻消息类。微博因为其简短的特性,可以通过网络、IM 工具、手机等多种方式发布、接收和查看,所以提供这类主题内容非常方便、合适,因此提供这类主题服务的微博数量最多,绝大多数图书馆都提供了这类内容。这些新闻消息主要包括图书馆举办的各种活动通知、新书及新到的各种资源预告、节假日开闭馆时间等,如爱达荷州 Ada 图书馆和克利夫兰公共图书馆利用微博客发布展览通知、"最佳馆员"选举提名、节假日开馆时间等,密苏里河区域图书馆发布青少年活动信息,伊利诺伊大学香槟分校(Urbana-Champaign)本科图书馆发送到期还书提醒等。(2)链接中转类。提供这类服务内容的微博数量也较多,这与微博字数受限有关。图书馆通过微博提供图书馆网站、参考资料、博客、Flick 等各种服务形式和内容的链接,方便读者知晓和利用。如耶鲁大学科学图书馆发布图书馆在线资源的链接,北卡罗来纳州大学工程图书馆、Waubonsee 社区学院图书馆、月球与行星研究所(The Lunar and Planetary Institute)图书馆等把微博与博客绑定,自动

① 李金波. 国外图书馆微博客建设及其启示[J]. 图书与情报,2011(1)

发送博文更新的链接。(3)内外交流类。这类服务主要是为了馆员之间以及图书馆与读者之间进行交流而设立。有的提供了馆员之间交流的平台,如马萨诸塞州审判法庭(Trial Court)图书馆;有的则将图书馆的有关发展计划公布出来,以供大家讨论和征求意见,如 Glendale 公共图书馆。(4)参考服务类。图书馆开设微博作为参考服务工具,发布读者的问题,提供读者有关图书馆资料、数据库利用以及其他服务方面的问题解答,进行实时咨询等。如内布拉斯加州图书馆委员会专门开设了微博客发布"询问图书馆员"(Ask-a-librarian)服务中的读者参考问题,West Palm Beach 公共图书馆也提供类似服务。(5)为特定事件开设微博,如会议。如 ALA2008 年会、IDEA(Information:Design,Experience and Access)2008 年会,与会者通过微博发布会议进展情况、会议资料、对会议上所做报告的评论等,未能参会者通过微博和与会者交流讨论,实时了解会议的情况,实现"虚拟参会"。总体来说,图书馆微博所提供的主题内容可以丰富多样,只要有利于提高图书馆的服务质量、加强内外交流便可以采用。[①]

随着新浪(2009 年 8 月)、搜狐和网易(2010 年 1 月)、腾讯(2010 年 4 月)等几大门户网站相继推出微博以来,国内似乎正在开启一个全民微博的时代,国内图书馆类个人微博也纷纷出现,如程焕文、老槐、Keven、超平、书骨精等,但是仅有厦门大学图书馆、重庆大学图书馆、重庆医科大学图书馆、余杭图书馆、河北理工大学图书馆等几家图书馆开通微博,其中有实质内容的则更少。从国外图书馆微博的发展历程来看,随着国内微博的建设热潮,可以预见国内许多图书馆将会建设自己的微博,以向读者提供更多元化和更好的服务。

5. RSS

RSS 是一种消息来源格式规范,用以发布经常更新资料的网站,是目前使用最广泛的资源共享应用,可以被称为资源共享模式的延

---

① 李金波. 国外图书馆微博客建设及其启示[J]. 图书与情报,2011(1)

伸。RSS 可以是以下 3 种解释中任一种的缩写：Really Simple Syndica-tion（RSS 2.0）、RDF（Resource Description Framework）Site Summary（RSS 0.91，RSS 1.0）、Rich Site Summary（RSS 0.9 and1.0），其实这三者都是指同一种联合供稿（Syndication）的技术。RSS 具有两大特性：联合（syndication）和聚合（aggregation）。RSS 联合是指 RSS 频道（RSS Feed）的数据都是标准的 XML 格式，所以在发布以后可以透过不同的程序浏览阅读（如 PDA、手机、邮件列表等），并且可以在内容更新后及时在不同的终端自动显示更新。RSS 聚合，则是通过软件从网络上搜集各种 RSS Feed，并在同一个界面中把所有内容一齐提供给订阅者。①

打个比方来说，一个 RSS Feed 就是一个电视频道，这个频道里的节目会通过不同的方式送到用户眼前，一旦这个频道有新的节目，这个节目也会被自动送到凡是拥有这个频道的用户眼前，这就是 RSS 的联合。而针对一个具体的用户，它拥有的诸多频道可以通过"电视机"的"画中画"功能一齐发送到同一个屏幕上，这就叫 RSS 的聚合。

学科导航聚合。目前，很多图书馆网站都在建设"Internet 学科导航系统"，试图收集和整理因特网上的各种学术性资源。大部分图书馆建设的"学科导航系统"仅仅是根据分类罗列了各个学科的相关网站链接，非常被动地向读者提供学科导航服务，如果读者不点击相关链接就无法得到学科信息。如果把"学科导航系统"由添加链接改为添加 RSS Feed，把读者点开链接改为读者订阅 RSS Feed，那么读者就可以在自己的 RSS 客户端以最快的速度看到相关学科分类的更新，减少了检索时间、剔除了无关信息，更重要的是把读者需要的信息直接聚合并推送到了读者眼前，变被动式服务为主动式服务。

不同数据库的聚合与跨库检索。高校图书馆都会购买相当数量的中外文付费数据库，但是缺乏一个强大的一站式综合跨库检索平

---

① 王炜. RSS 在图书馆服务中的运用[J]. 现代经济信息,2009(11)

台,而一个强大的跨库检索平台需要各高校图书馆为之付出不小的软硬件人力投入,针对这样的情况,其实利用 RSS 完全可以实现小规模的跨库检索。目前各大外文数据库(Science Direct 数据库、Springer 数据库、IEL 数据库等)都支持 RSS 输出,读者可以根据个人喜好在 RSS 浏览器中(如 Google Reader)订阅刊物的 Feed 或者分类的 Feed,这些 Feed 下的文章都会被自动推送和聚合到读者的 RSS 浏览器中,读者利用 RSS 浏览器的搜索功能就能在自己的喜好范围之内进行跨库检索,而且这样的跨库检索是在客户端实现,不占用服务器端任何资源。

图书馆个性化信息定制服务。由于 RSS 技术具有及时更新、主动推送的特点,可以利用 RSS 技术根据读者的兴趣和偏好将用户关心的图书馆信息资源的动态以及图书馆服务内容的变化及时主动推送给用户,如图书馆最新信息发布、新书新资源通告等。RSS 聚合和更新的内容、频率、内容源、关键字等完全由用户在客户端主动设置,无关信息的干扰被自动排除在外。

目前很多国内外图书馆利用 RSS 开展信息推送服务,例如:国外的俄克拉荷马大学图书馆通过 RSS Feeds 向读者提供最新消息通告、新书通告、新增电子资源通告服务;麻省理工学院提供图书馆新消息的 RSS 订阅服务、期刊目次的 RSS 订阅服务及资料库订阅服务,推送内容比较丰富;威斯康星大学麦迪逊分校、阿拉巴马大学以及加拿大的 Saskatchewan 等大学也都有基于 RSS 的期刊目次服务。

构建新的沟通平台,在参考咨询工作中,利用 RSS 技术设置专门的参考咨询 RSS 频道,读者和图书馆工作人员都可以增添 RSS 频道中的数据,变原先集中式的信息发布为分布式的信息发布,并通过 RSS 归类和再发送给订阅者。将 RSS 技术和数据库技术服务相结合,根据用户选择的主题和检索表达式进行定题推送服务,提供自助式的参考咨询服务。

在图书馆采访工作中,采访人员可以将出版社、书商的网站进行 RSS 频道订阅,在第一时间获得出版社的最新书目。并利用 RSS 信息推送技术,将本馆需要的图书制成 RSS Feed 发布,大大提高了采访工作的时效性。

面对越来越多的海量信息,信息的获取难度不再是获取量少,而是有用的信息淹没在过量的无用信息之中。各行各业都需要高效率、高质量地获取信息,RSS 技术的应用给使用者带来了新的信息获取途径,同时也带来了新的服务模式,图书馆作为重要的信息提供部门,面对的不仅是技术的变革,更是服务习惯和服务思维的变革。不论如何,RSS 技术在高校图书馆领域的推广和普遍应用将是不容置疑的,充分挖掘和运用 RSS 技术,能大大提升高校图书馆的服务水平,为用户提供更加主动、更加专业、更高更深层次的信息服务。

  6. BBS

BBS 是 Bulletin Board System 的缩写,即为电子公告系统,又名留言簿、布告板等,通常称为论坛。它是网络内容的提供者,如商业网站和个人主页为上网者提供的自由讨论、交流信息的空间。BBS 最早为商业网站论坛所使用,是用来公布股市价格等信息的工具。后来经过近 20 年的发展,目前在图书馆等各行业应用得都相当广泛。①

需要特别指出的是,BBS 在图书馆信息咨询方面应用得尤其广泛。首先是以电子形式为手段的咨询服务。由于 BBS 的读者邮件系统可以和互联的邮件系统相连,因而可以用 BBS 的信箱发送所有邮件。读者将咨询问题以电子邮件的方式发送给相关咨询人员,咨询人员也可以电子邮件的方式将答案发送给读者,这样就可实现两者之间的相互交流。其次是实现实时交互模式的咨询服务。BBS 设有聊天区,为图书馆的咨询服务人员提供一个和读者聊天的空间,而不受地位和职业的限制,实时为读者解答咨询,探讨图书馆工作中的问题,心平气和地接受读者的批评指教,拉近了图书馆与读者之间的距离,真正体现了网络环境下以图书馆咨询人员为主导、以读者为中心的思

---

① 田晓阳,辛小萍. BBS 与图书馆服务创新[J]. 图书馆论坛,2006(5)

想。再次是实现资源共享。BBS 数据库一般都有自己的搜索引擎,利用资源工具在搜索框中输入检索词来查找所需的相关或相近信息资料,其搜索速度比手工检索快几倍、几十倍,甚至上百倍。最后是信息公告服务。在 BBS 的公告区,图书馆可以把有用的信息公布出来并及时更新,让读者在第一时间掌握最新信息。

如南京大学 BBS 图书馆专版(馆长信箱)开设以来,利用 BBS 特有的互动方式,信箱中每一条意见和建议都得到了答复,这加深了互动和理解,帮助读者解决了许多问题。格式上同一主题多人讨论,内容楼层格式显示,咨询和回复时间分列平行记录,既方便观察某主题读者响应程度和观点的比较分析,又使咨询员的工作置于公开监督之下;高校 BBS 图书馆专版在保留 BBS 特点的同时,融合表单提交信息和 E-mail 回复格式;按照用户专业要求及时进行个性化专业推送,并在逐个服务评价基础上实现评价分类汇总结果可视化,如武汉大学图书馆、上海交大图书馆等。

7. 触屏

随着多媒体信息查询的增加,触摸技术已经在人们的日常生活中得到了越来越广泛的应用。从小尺寸的个人触控产品,如手机、数码相机等,逐渐向中大尺寸发展,如工控计算机、一体机等。目前触摸技术的应用领域已经包括图书馆、博物馆、银行、政府机关、机场、车站等众多机构,另外在多媒体教学、电子游戏、KTV 点歌等领域也得到了较广泛的应用。

触摸屏在国外已有多家图书馆使用,如美国国会图书馆,已经在使用触摸屏系统展示馆藏资源。触摸屏在国内图书馆界的应用也正在从叫号机、数字信息亭、指纹打卡机、小型触摸屏等向大尺寸触摸屏发展。① 国家图书馆的国家数字图书馆触屏体验系统的建设扩大了触

---

① 贺培凤,冯毅. 利用触摸屏系统实现馆务公开的初步尝试[J]. 晋图学刊,
  2001(3)

摸屏的应用范围,将馆藏资源、电子报刊、讲座展览、服务介绍以及中国政府公开信息整合服务平台等更多鲜活的资源集成到了触摸屏内,增加了触摸屏与读者的交互,使读者享得到了更加方便、快捷、人性化的服务。[①]

8.2.1.4 虚拟参考咨询

虚拟参考咨询服务 VRS(Virtual Reference Service)也称在线参考咨询服务 ORS(Online Reference Service)、网络参考咨询服务 NRS(Network Reference Service)、数字化参考咨询服务 DRS(Digital Reference Service)、电子参考咨询服务 ERS(Electronic Reference Service),是与数字图书馆系统、其他网络参考咨询系统、其他信息服务机制和用户服务机制相结合的一种新型信息服务模式。[②] 虚拟参考咨询服务(VRS)是建立在网络基础上的将用户与专家和学科专门知识联系起来的问答式服务。或者说,虚拟参考咨询服务是建立在数字通信基础上,通过网络收发电子邮件、网页表单或者使用在线聊天软件、呼叫中心软件、视频会议软件、网络联系中心软件、即时视像软件等,给远程用户提供方便、快捷的信息咨询服务。

虚拟参考咨询服务是传统参考咨询服务在网络环境下的延伸和拓展,消除了时间和空间的限制,使得咨询服务具有了前所未有的方便、快捷和个性化服务特色。与传统图书馆的信息资讯服务方式相比,其优势主要表现在 3 个方面:一是超越时空的界限,能够实现随时随地的咨询服务;二是可以提供个性化咨询服务,即为不同的信息群体依据他们的信息特点提供满足需要的个性信息服务;三是栏目咨询内容和咨询结果的可重复再现性。咨询服务可以将焦点问题集中化,形成常见咨询 FAQ 栏目,减少重复咨询率。与此同时,咨询服务的结果也多样化:电子邮件、留言板答复、虚拟平台的在线交流或 BBS 等形

---

① 国家图书馆网站[EB/OL]. http://www.nlc.gov.cn/
② 李振玲. 图书馆虚拟参考咨询服务探析[J]. 情报探索,2006(8)

式,这些都能以最短时间实现信息用户与虚拟咨询员的信息交流。

1. 虚拟参考咨询的服务方式

E-mail 及 Web 表单服务这种方式一般体现在图书馆网站主页或某个网页上设立"参考咨询"或"询问图书馆员"（Ask-a-librarian）及通过 E-mail 链接将咨询问题以电子邮件方式发给相应的咨询馆员。用户也可以按照要求填写设立在图书馆主页上的在线专门表单,然后通过点击"发送"或"呈交"即可将咨询问题发送给图书馆咨询馆员。咨询馆员在以电子邮件方式和表单方式将答案发送给用户。

FAQ 服务是常见问题解答服务,是图书馆根据长期的参考咨询实践经验和对用户的调查,将用户最可能问到的或实际问到的一些问题及其答案编辑成网页,并在图书馆 Web 站点主页的显要位置建立链接,以便用户查询,有利于节省用户和咨询馆员的时间。FAQ 咨询服务的重点在于对咨询问题的分类组织,这要求咨询馆员既要熟悉网上资源并对其筛选,又要了解用户要求,将二者进行合理匹配,达到最佳咨询效果。[1]

案例库、专题库与特色库服务。案例库服务是把图书馆以往回答过用户的问题及其答案做成案例数据库,以供其他用户浏览和检索。专题库与特色库服务是根据热点问题和馆藏特色,搜集有关的文献信息资料建成数据库向用户提供全文、书目、链接等服务。

Real-time（实时在线）服务,是一种即时回答用户提问的服务方式,又称为实时交互式服务（Interactive Reference Service,简称 IRS）。通过网络聊天软件、视频会议软件、即时视像软件、网络寻呼软件等方式,由咨询馆员在网上的虚拟社区直接"面对"用户,即时回答用户的咨询。实时虚拟咨询服务实现共同浏览,通过开发远程协助软件工具,构建远程协助平台,咨询馆员可以"面对面"看到用户及其机器工

---

[1] 贾宇群. 基于网络环境的高校图书馆虚拟参考咨询服务[J]. 情报杂志,2006 (10)

作时的界面,通过远程控制在用户的电脑上进行检索操作,或者直接向用户推出其他网页。

BBS 服务。通过专门的 BBS,用户可将问题发送到网页论坛上,咨询馆员或其他用户可在论坛上给予回答。图书馆通过建立自己的 BBS 服务器,利用 BBS 向读者用户提供一系列服务活动,主要包括办理图书预约、续借、推荐新书等。信息浏览与推送服务,指用户向 BBS 发出信息请求,BBS 进行检索和筛选,反馈给用户。用户可以在 BBS 上贴上自己的意见和建议,图书馆予以收集和答复。通过 BBS 图书馆和用户可以建立起一种交互式联系,图书馆的工作更加贴近读者,使读者、用户也可以参与到图书馆的工作中来。

学科导航服务是围绕一定的学科专业或专题,对网上信息资源进行筛选和优化,对有关网站、网页做链接或镜像而建立起来的数据库,在网上向用户提供服务。图书馆根据长期工作经验和对用户调查建立咨询服务数据库,提供的信息具有一定的代表性,读者通过浏览网页直接获取相关信息,操作简单。要求咨询馆员注重选取重要数据库信息并做好分类组织工作,还要求咨询馆员既熟悉网上信息资源,又了解用户需求,将二者进行合理匹配,达到最佳咨询效果。

网上用户教育培训服务是图书馆利用网络技术,对用户进行有计划、有目的地旨在提高用户信息意识和检索技能,使之充分利用信息资源的教育活动。在网络时代,图书馆有计划、有目的地开展用户培训,也是自我宣传、提高图书馆信息资源利用率的必要举措。由于网络信息繁杂无序,图书馆必须指导用户如何查找和评价信息资源,如何掌握有效检索途径。可以向用户介绍本馆馆藏、特色服务、网络知识和各种网络数据库的构成、访问途径、检索技巧。在图书馆主页上设立"文献检索课室"进行网上教学,可以把各种成熟的培训课件放到网上,用户通过网络调用课件,进行虚拟教室学习。

2. 国内外的虚拟参考咨询系统

Question Point(简称 QP)是 OCLC 与美国国会图书馆共建的一个

合作虚拟参考咨询服务项目,其前身是 Collaborative Digital Reference Service(简称 CDRS)。1999 年 1 月,在美国费城举行的美国图书馆协会冬季会议上,美国国会图书馆撰写并提交了建立和开展合作虚拟参考咨询服务的建议方案,2000 年 1 月,CDRS 正式启动。CDRS 项目得到了包括美国在内的世界各地图书馆的支持,到 2001 年 11 月,来自澳大利亚、加拿大、新加坡、中国香港等十几个国家和地区的 200 多家图书馆和相关机构加入了 CDRS。2001 年美国国会图书馆与 CDRS 签署合作协议,对 CDRS 管理系统进行了二次开发,更新了成员馆背景资料库,为问答资料库增加了检索与浏览功能,同时增加了实时交谈功能。这就是新的合作虚拟参考咨询服务系统 QP。QP 目前在全世界拥有超过 20 个国家的 1000 多个参与者,其知识库中存储了 7000 多组可供检索的问题与答案。①

QP 的服务体系是一个三层结构的"图书馆—图书馆"(Library to Library)、"图书馆—最终用户"(Library to User)的网络。即 Global(全球)、Regional(地区)、Local(本地)。其中 Global 服务是 QP 在全球范围内的合作网络,成员图书馆可以将本馆无法回答的问题发送到网络中,由请求服务器根据提问特征与成员档案库进行最优匹配而把咨询请求转发给最合适解答的图书馆。Regional 服务是 QP 为地区性的图书馆和信息机构联合体提供的合作咨询服务途径。以地区合作方式加入 QP 系统的成员馆,不仅可以享受本地服务,而且地区成员馆之间还可以相互合作。QP 为该地区的合作系统建立一个地区知识库,供本地区的所有成员馆使用。Local 服务是 QP 为成员图书馆提供的一个定制的管理模块,它帮助图书馆建立新的本地图书馆账号、定制本地用户界面、生成标准或者定制的使用统计报表。

Co-East 及其 Ask-a-librarian。Co-East 于 1999—2000 年开始投入资金,支持东英格兰地区 6 个主要公共图书馆研究如何利用 ICT(In-

---

① Questionpoint[EB/OL]. http://www.questionpoint.org

formation and Communication Technology）把图书馆资源、社区信息数据库和商业数据库提供给公众使用。该计划的最终目标是要建立一个虚拟网络,使得人们在 181 个图书馆或自己家中可以轻松获得信息资源。Co-East 包括三大部分：LearnEast、Familia、Ask-a-librarian。其中,Ask-a-librarian 是 EARL(Electronic Access to Resource in Libraries)于1997 年 11 月推出的一项合作虚拟参考咨询服务。EARL 是 1995 年 9月开始的由 100 个地方当局和协作成员参加的英国公共图书馆全国网络化项目。自 2001 年 10 月 1 日起,该项服务开始由 Co-East 继续提供,后来又加入 CDRS,成为它的成员。[1]

Virtual Reference Canada(简称VRC)是由加拿大国家图书馆和加拿大图书馆研究机构联合会于 2001 年春组织发起的免费的、动态的、支持双语种的、全国范围内的合作参考咨询组织。它为图书馆、信息中心、档案馆、博物馆、研究机构以及其他相关机构之间的交流、合作与服务提供了一个统一的平台,也就是说,VRC 服务的对象是分散于全国各地的图书馆或信息研究机构,而不是最终用户。最终用户必须通过本地的信息机构才能获得 VRC 的服务。

Ask Now 是由澳大利亚国家图书馆、州图书馆和地区图书馆联合起来为澳大利亚人提供的创新性的参考咨询服务,是澳大利亚第一个联合协作式的实时在线参考咨询服务组织。它由澳大利亚洲图书馆委员会(the Council of Australian State Libraries)发起,采用 24/7 参考咨询软件扩展了其服务内容和服务手段。Ask Now 成员包括由 9 个图书馆组成的澳大利亚洲图书馆委员会、15 个地区公共图书馆,另外还包括新西兰国家图书馆(Nation Library of New Zealand)和新加坡国家图书馆局(Library Board of Singapore)。Ask Now 的服务对象主要是本国的任何用户,但也对本国以外的其他用户提供部分服务。[2]

---

① Ask-a-librarian[EB/OL]. http：//www. ask-a-librarian. org. uk
② Asknow [EB/OL]. http：//www. asknow. gov. au'

CALIS 分布式联合虚拟参考咨询系统（CALIS Distributed Collaborative Virtual Reference System,简称 CVRS）建设项目于 2003 年初立项,计划于 2005 年底结束。该项目旨在构建一个中国高等教育分布式联合虚拟参考咨询平台,建立有多馆参加的、具有实际服务能力的、可持续发展的分布式联合虚拟参考咨询服务体系,以本地化运作为主,结合分布式、合作式的运作,实现知识库、学习中心共享共建的目的。① 为了保证项目的实施,上海交通大学图书馆抽调技术骨干专门成立了项目实施组,并邀请北京大学、清华大学、西安交通大学等在虚拟参考咨询系统和服务方面颇有建树的资深参考馆员联合成立了项目管理组共同制定建设方案。

　　CVRS 系统采用两层分布式架构:本地虚拟参考咨询系统和中心虚拟参考咨询系统。本地系统运行于各成员馆咨询台,由本地咨询台、本地知识库、档案库和调度系统组成,具备独立的系统功能,负责本地的参考咨询工作;中心虚拟参考咨询系统由上海交通大学负责运行维护,由总咨询台、中心知识库、档案库、调度系统和学习中心组成。二者之间通过问题转发、用户转移、知识库共享等方式为用户提供合作参考咨询服务。各级系统既可独立运作,通过本单位局域网提供服务,也可通过互联网与中心系统的调度机制一起运作,与其他学校一起提供联合虚拟参考咨询服务。

　　国家科学数字图书馆分布式参考咨询服务系统(简称 CSNL)项目于 2002 年 4 月启动,由中国科学院国家科学图书馆、上海图书馆、中科院成都文献情报中心联合开发。旨在提出国家科学数字图书馆分布式参考咨询服务系统所采用的技术标准、管理机制以及系统设计方案,研制国家科学数字图书馆分布式参考咨询服务系统的试验系统。2003 年 2 月 17 日,系统开始试运行,2003 年 4 月正式投入运行。其服务内容有:学科文献信息指引、学科与科学文化专业知识咨询、科技信

---

① 　CALIS 分布式联合虚拟参考咨询系统[EB/OL]. http://202. 120. 13. 104/

息检索技术和策略指导、图书馆服务与政策解答等服务。但不提供法律、医学、财经投资等方面的指导,也不提供计划、方案、评论、评估、统计、作业等方面的辅导。①

8.2.2 基于移动终端的服务手段

2000 年中国移动推出移动梦网创业计划以后,手机信息业务发展迅猛,图书馆学界很快就注意到了这一新的信息技术。朱海峰提出了无线图书馆的概念,所谓无线图书馆就是用户使用便携式终端设备,以微波、无线电等接入方式获取所需文献信息的数字化图书馆,是数字化图书馆的进一步扩展。② 黄群庆提出了移动图书馆服务的概念,他认为移动图书馆服务是指移动用户通过移动终端设备(如手机、PDA)等,以无线接入方式接受图书馆提供的服务,例如利用手机的短信功能或电子邮件功能,接收图书馆发出的图书逾期通知,或咨询图书是否借出,还可以利用手机上网的功能检索馆藏图书的书目信息,阅读在线全文书刊等。③ 胡振华、蔡新也提出移动图书馆的概念,他们认为,移动图书馆是依托目前比较成熟的无线移动网络、国际互联网以及多媒体技术,使人们不受时间、地点和空间的限制,通过使用各种移动设备(如手机、掌上电脑、E-book、笔记本电脑等)来方便灵活地进行图书馆图书信息的查询、浏览与获取的一种新兴的图书馆信息服务,是数字图书馆电子信息服务的延伸与补充。④

基于手机移动通信网络的图书馆服务系统,是图书馆向数字化发展的新方向。它将无线通信网络和图书馆的数字图书馆系统结合起

① 国家科学数字图书馆分布式参考咨询服务系统[EB/OL]. http:// dref. csdl. ac. cn/

② 朱海峰. 数字化图书馆的发展——无线图书馆[J]. 图书馆理论与实践,2002 (6)

③ 黄群庆. 崭露头角的移动图书馆服务[J]. 图书情报知识,2004(5)

④ 胡振华,蔡新. 移动图书信息服务系统[J]. 现代图书情报技术,2004(4)

来,利用高普及率的手机新媒体平台延伸、拓展传统的图书馆服务,并且可以随时随地进行信息传输与服务。手机图书馆服务将极大地方便读者,提高图书馆的服务效率,同时也可以为读者提供实时性和个性化的信息服务,而且由于手机的双向交互功能,读者可以用手机主动点播和定制自己所需的各种信息,使图书馆的服务由被动服务向主动服务转变。手机图书馆系统的建设将满足广大读者对移动文献信息服务的需要,提高读者对图书馆服务的满意度,扩大图书馆在教育文化事业中所发挥的作用。

国外手机图书馆的应用可以追溯到 2000 年左右。日本和欧洲在移动通信技术方面是比较先进的,日本富山大学图书馆于 2000 年 9 月开发出 i-mode 手机的书目查询(OPAC)系统,东京大学图书馆也于 2001 年 5 月开通 i-mode 手机书目查询(OPAC)系统。[1] 芬兰赫尔辛基技术大学图书馆 2001 年秋季开始使用手机短信息服务,[2]韩国西江大学 2001 年 7 月推出用手机可以查阅图书馆资料的移动图书馆。[3] 迄今为止,芬兰、日本、英国、美国、韩国、新加坡等国都有一些图书馆在试验提供手机信息服务,它们的实现方式也主要是短信息和无线上网两种。芬兰赫尔辛基技术大学图书馆使用芬兰 Portalify 公司开发的 LibletTM 系统,以短信服务为主,兼顾 WAP 及其他接入技术,提供的手机服务有续借、到期提醒、预约到书通知、列出读者借阅清单等,读

① Masamitsu Negishi. Mobile access to libraries: librarians and users experience for "I-Mode" applications in libraries[C]//Libraries for life: democracy, diversity, delivery. 68th IFL A council and general conference: conference programme and proceedings, Scot land, 2002

② Irma Pasanen. A round the world to Helsinki University of Technology: new library services for mobile users[J]. Library Hi Tech News, 2002, 19(5)

③ 黄群庆. 崭露头角的移动图书馆服务[J]. 图书情报知识, 2004(5)

者免费使用,只需向运营商支付基本通信费。① 芬兰国会图书馆也开通了手机短信息服务,服务项目有续借、到期提醒、预约到书通知、检索失败的信息、咨询、读者反馈、每周阅读提示等,读者也是免费使用。日本东京大学图书馆为 i-mode 手机用户提供在线书目查询、催还、预约、续借、即时通知等服务。② 英国汉普郡图书馆建起一个 WAP 网站,为 WAP 手机用户提供该郡 54 家图书馆的详细地址、联系方式、开放时间等信息服务。③ 美国南阿拉巴马大学图书馆的“无屋顶图书馆计划”使用 PDA 通过移动通信网检索图书馆资源,读者可以通过无线方式连接上图书馆的在线目录(OPAC)查询馆藏资料。韩国西江大学在2001 年与 WISEngine 公司合作推出用手机查阅图书馆资料的移动图书馆服务,读者可以随时查询书目信息、借阅信息,在线办理预约手续等。④新加坡义安理工学院图书馆提供 WAP 上网服务,读者可以通过手机上网查询借阅记录、预约借书、续借、付费等。英国汉普郡图书馆建起一个 WAP 网站,为 WAP 手机用户提供该郡 54 家图书馆的详细地址、联系方式、开放时间等信息服务。读者可以在汽车上、马路上通过手机查询离自己最近的图书馆的地址,并查询该图书馆是否有自己所需要的图书。

自从北京理工大学 2003 年 12 月开通了手机服务后,国内图书馆手机服务便开始了它的发展。图书馆手机服务目前是指移动用户通过手机,以无线接入方式接受图书馆提供的各项服务。上海图书馆利用上海电信短信服务平台,延伸图书馆服务时空,增加与读者互动途

① Irma Pasanen. A round the world to Helsinki University of Technology:new library services for mobile users[J]. Library Hi Tech News ,2002,19(5)

② Masamitsu Negishi. Mobile access to libraries:librarians and users experience for “I-Mode” applications in libraries[C]//Libraries for life:democracy,diversity,delivery. 68th IFL A council and general conference:conference programme and proceedings,Scot land,2002

③④ 黄群庆. 崭露头角的移动图书馆服务[J]. 图书情报知识,2004(5)

径,服务内容为:开馆信息、书目检索、文献请求、参考咨询、讲座预订等服务;济南市图书馆推出短信服务,即移动手机用户可通过短信实现图书查询、续借、咨询等服务;湖南理工学院图书馆开通手机短信提醒服务,服务功能包括:图书到期提醒、超期催还和预约到书提醒;浙江工业大学图书馆开通手机短信提醒服务;深圳图书馆图书馆于2007年3月开通了手机服务,包括服务公告、外借到期提醒、续借、读者借阅信息、书目查询、读者证挂失、参考咨询、预约到书通知、读者荐购通知、咨询回复通知等服务;重庆大学图书馆也在2007年开通了图书预约短信通知的服务;南京森林公安高等专科学校图书馆手机服务的内容有:预约到书通知、超期催还通知、续借、事务通知。清华大学图书馆利用中国移动的 WAP 系统平台,建立图书馆手机网站,目前主要提供本馆概况、开馆时间、馆藏目录、电子资源、服务介绍、欢迎捐赠、有问有答、联系我们等静态信息介绍。

总的来说,国内和国外图书馆手机服务的模式都是短信和手机上网,其中国内图书馆手机服务是以便捷的短信为主要服务手段。基于手机上网的普及,图书馆手机上网服务将渐渐占有越来越大的图书馆服务份额。

手机图书馆是移动互联技术的产物,手机图书馆的发展也将伴随移动通信等信息技术的不断升级而进步。因为早期的移动数据通信技术以短信息最为普及,相应地,早期研究和开发的手机图书馆系统也主要依托手机短信息技术。经过多年的发展,目前移动通信技术已经比较成熟,手机报纸、手机杂志、手机图书、手机电视及手机银行、手机商务、手机办公等行业应用都已经有了有效的解决方案。随着第三代移动通信技术的推出,一方面无线通信速度越来越快,带宽不断增大,另一方面智能手机或 PDA 等终端设备的处理能力越来越强、存储容量越来越大,操作越来越便利,手机图书馆系统也随着无线信息技术的进步,由简单的文字短信到图文并茂的信息再到图像声音俱全的多媒体信息,不断发展。

8.2.2.1 APP 服务

APP 是 Application 的简称,多指智能手机的第三方应用程序,是基于各种移动智能终端系统,集平台、资源、社交等为一体,以免费和离线方式供用户使用、注重用户体验等为特长的移动应用程序。图书馆 APP 的诞生则证明了智能终端正式介入生活中的另一大领域——图书馆领域。相比传统的 WAP 手机网站,APP 在功能上具有资源的有效挖掘与集成、个性化定制与推送、方便易获取及迅速广泛传播、功能丰富及形式有趣等优势,在数字资源推介、信息素养培训、虚拟技术体验等多个方面都能很好地满足用户的个性化、即时移动需求,是泛在环境下图书馆实践"无处不在"服务理念的有力工具和手段。

我国现有的以"图书馆"为名称的移动 APP 绝大多数集中在 Android 系统和苹果 IOS 系统中。移动图书馆型 APP 重在与实际图书馆信息相连,延伸移动图书馆服务,APP 功能较为统一,主要为拥有读者卡的用户提供书目查询、文献查询、借阅信息查询、账户查询、新闻公告、新书通知等。

超星移动图书馆依托集成的海量信息资源与云服务共享体系,与数十所高校图书馆和地方图书馆合作,集结各图书馆资源,利用元搜索将图书资源利用达到最大化。[①] 其功能包括:(1)集成 OPAC 系统提供纸质馆藏文献的移动检索等自助服务;(2)与数字图书馆门户集成,支持基于元数据的一站式检索与全文移动阅读;(3)与多家图书馆及行业联盟共享云服务体系集成,支持馆外资源联合检索与文献传递服务;(4)提供个性化服务体验,支持新闻发布、公告等信息交流功能。

国家图书馆 APP 读者服务应用为读者提供了一种使用国图服务的便捷方式,该 APP 应用包括以下功能:(1)支持条码、QR 二维码识别,可通过拍摄条形码或 QR 二维码识别并检索数十家图书馆馆藏信

---

① 超星移动图书馆开通试用通知[EB/OL]. http://www.baidu.com/link? url = iWAVG

息、图书信息以及相关书评信息、集成书籍的豆瓣书评;(2)可检索、查看国图馆藏,还可查找与该图书相关的国图其他资源,提供馆藏信息本地收藏,检索历史保存等功能;(3)对拥有国家图书馆读者卡的用户提供图书借阅信息查询、续借、预约等功能服务;(4)同步欣赏国图展览,在线观看国图最新在展展览。

8.2.2.2　电子书阅读器服务

　　电子书阅读器的推出已超过 10 年,但直到 2007 年 Amazon(亚马逊)手持式电子书阅读器 Kindle 的推出,电子书阅读器才真正逐步开始被用户作为纸本书籍的电子设备替代品所接受。① 电子书阅读器并不是一个天然适合图书馆借阅模式的设备,但这并没有阻止乐于尝试新技术的图书馆将电子书阅读器应用于图书馆服务中。各类图书馆都在大胆尝试,包括公共图书馆、大学图书馆(研究型图书馆)、学校图书馆等。2008 年 11 月,Sparta 公共图书馆成为第一家出借 Kindle 电子阅读器的图书馆。Sparta 公共图书馆最初拥有两台 Kindle 电子阅读器,向 18 岁以上的持卡读者提供借阅,Sparta 公共图书馆不仅向读者提供 Kindle 电子阅读器,同时允许读者从 Amazon 网站上自行选择 1 本电子图书下载到 Kindle 进行阅读,图书馆将为之付费;如果读者想要购买更多的亚马逊电子图书,他们可以自行承担费用。Sparta 公共图书馆不收取读者押金,但会记录借阅者的驾驶执照信息,同时规定如果机器发生损坏,借阅者应当做出相应的赔偿。该借阅项目吸引了众多读者的注意,读者经常要等候数周才有机会借阅到 Kindle 电子阅读器。此后,相继有多家图书馆开展了出借 Kindle 电子阅读器的服务。2010 年 3 月,剑桥大学图书馆信息服务部的 Sian Waterfield 公布了一项调查的结果,②该调查针对加拿大图书馆和美国图书馆展开,有

---

① Tees T. Ereaders in academic libraries:A literature review[J]. Australian Library Journal,2010,59(4)

② Sian Waterfield. Libraries Loaning E-book Readers [EB/OL]. http://www. maine. gov /msl /libs /tech /ebookreadersreport. pdf

28 所美国和加拿大图书馆馆员回复已经开展电子阅读器借阅试验,其中绝大多数图书馆向用户提供 Kindle 电子阅读器借阅服务。

国内已开展电子书阅读器服务的有国家图书馆、上海图书馆、广州图书馆、中国科学院国家科学图书馆、浙江图书馆、北京大学图书馆、清华大学图书馆等。为了满足越来越多年轻读者的电子化阅读需求,上海图书馆大规模扩容电子阅读终端。除了电子书、电纸书等电子阅读器,2013 年新增的电子阅读终端还包括 550 多台平板电脑,其中约 70 台为 iPad 2 和 New iPad。手持标有上图标志的电子阅读器,可以浏览市民数字阅读网站上的 25 万种书籍和近 7000 种期刊。

8.2.3 基于电视网络的服务手段

电视图书馆是指通过第三类媒体(即电视媒体)把图书馆的资源和服务主动提供给用户、用户按需索取的图书馆。它借助电视网络把图书馆搬到千家万户,用户可以通过电视机进行 OPAC(Online Public Access Catalogue,联机公共目录查询系统)查询、图书预约续借、看展览、听讲座、接受远程教育、进行参考咨询与互动等,从而实现图书馆的功能拓展和服务延伸。利用电视网络开展图书馆服务,可以依托各级公共图书馆,充分利用我国有线电视网络优势,通过资源定位机制和资源交易机制,构建基于数字电视网络的覆盖全国的公共文化知识传播与服务网络。这对提升图书馆文化传播服务,丰富人民群众的文化生活,建设和谐社会具有重要意义。

近年来,欧美等发达国家都相继展开了数字电视的理论与实践,对内容展现形式和形态的研究取得一定进展。人们普遍认为,在数字电视上展现各种文化内容信息,已成为大众的基本需求,这种需求不仅引导着广播电视运营商的发展,也必将引导内容制作者制作出适合于数字电视播放的文化资源和内容。在这种背景下,国内部分省市和地区先后进行了数字电视服务与公共文化服务相结合的探索、推广和运营。2008 年,文化部共享工程采用播发技术方案,在辽宁省利用数字电视网络把共享工程的文化资源直接推送到机顶盒终端上,实现了公共文化内容的快速传播和覆盖。

国家图书馆申请的科技部项目《数字平面内容支撑技术平台》标志着国图数字电视应用的起步,以此为契机,国家数字图书馆与北京歌华有线公司开展基于交互式数字电视平台的图书馆服务,2010年开始,国家数字图书馆为更好地开展数字服务,开始着重发展"一大一小"两种服务方式,即数字电视应用和手机服务。"国图空间"成为国家数字图书馆服务的一个新亮点。

8.3 总 结

当前,信息服务的内容更加丰富,服务方式更为多样,服务机制不断出新。传统信息服务与新型信息服务并存,用户不再仅仅是服务的接受者,同时也成为服务的提供者。开放数字环境下,用户对信息资源的需求在服务层面体现为用户对信息服务的需求。用户对信息服务需求的变化具体体现在两个方面:

8.3.1 从传统信息服务的角度

用户对检索服务、文献传递、参考咨询服务等传统信息服务的需求仍然存在,但在开放数字环境下这些需求都有进一步的扩展。

对检索服务来说,搜索引擎是用户查找信息、发现资源的最主要途径,对传统的信息机构如图书馆,用户还是主要依靠图书馆的检索系统查找资源。未来,用户更希望有更完善的"资源发现服务",可以实现语义检索、知识检索。

对文献传递服务来说,用户对传统文献传递服务的需求下降,未来希望传递的资源内容可以向"开放资源""灰色文献""特殊文献类型"扩展,范围可以扩展到整个网络空间。

对参考咨询服务来说,这项服务的用户需求还有增长,未来用户希望参考咨询服务与移动设备等新技术相结合,同时用户提问的对象将会转向整个互联网的"专家"。

此外,用户也对资源推送、信息共享服务有需求。

8.3.2 从新兴信息服务的角度

开放数字环境下,传统的信息服务已不能完全满足用户需求,在这种情况下出现了很多新的服务类型。这些新型服务能在一定程度上代表当前用户对信息资源服务层面的需求,包括对数据管理的需求、对社群信息服务的需求、对数字资源长期保存的需求、对移动信息服务的需求、对开放教育的需求、对个性化信息服务的需求、对知识产权支持服务的需求、对提供元数据收割接口、共享元数据等方面的需求。

从整体上看,用户对信息服务的总体需求可以概括为:实现从资源本身到资源发现、传递之间的无缝链接;提供更多全面、免费的资源,并直接到达用户桌面;提供多语种服务;提供相关培训,更好应对数字信息时代的变化。

信息服务活动是以信息用户为导向、以信息服务者为纽带、以信息服务内容为基础、以信息服务策略为保障的活动。[①] 满足用户对信息资源的需求,必须有服务做支撑。这里的服务,是支持用户资源发现、获取、利用等一系列活动的服务,也就因此促成了图书馆新服务手段的应用。

---

① 王海萍,黄小苏. 西部地区高校图书馆信息服务模式现状分析[J]. 当代图书馆,2007(12)

9　图书馆用户服务管理

　　图书馆用户服务管理是指图书馆在对用户信息、用户对资源及服务的利用等情况进行记录、分析、保护和研究的基础上,对用户服务工作进行科学、严谨、有效的规划、指导、监督、评价的行为。图书馆用户服务管理可以为图书馆服务调整及优化提供决策依据,着力改善用户服务体验的过程,吸引用户长期使用图书馆的各类服务,保持其对图书馆的良性认知及服务满足感,从而使公共图书馆的发展建设保持良性健康发展。

　　用户服务管理中包括对用户信息的管理和研究,对服务质量的监督与评价等工作内容。除了常规性管理工作外,通过用户交流建立真诚互信的用户关系,营造图书馆良好的人文环境,也是用户服务管理的重要内容。用户培训是培养良好用户交互关系的有效手段,通过主动的服务推送与宣传工作,可以培养和维护稳定的用户群体,营造和谐的图书馆人文环境,形成独特的文化氛围,使图书馆成为该地区的文化地标。

9.1　证卡发放及管理

　　证卡发放及管理处于公共图书馆用户服务的最前端,也是用户信息及权限管理的重要手段。根据平等、免费的服务原则,大多数公共图书馆的证卡办理服务都是免费、开放的,不因用户的户口所在地、学历、职业等而有所限制。

9.1.1 证卡分类

用户证卡随着科技的进步也在不断发展变化,按其形态可分为纸质证卡,磁条型证卡,非接触型证卡。

9.1.1.1 纸质证卡

在图书馆大面积应用自动化管理系统之前,纸质证卡一直是用户证卡的主要形式,证卡上有读者照片、读者编号、姓名、性别、出生日期、有效期、领证日期、注意事项等信息,办理证卡的用户提交办证申请,工作人员人工审核后,手工填写各类信息,并加盖馆章。其办理过程复杂,且用户信息不易管理。

9.1.1.2 磁条型证卡

随着条形码技术、计算机管理系统等的广泛应用,磁条型证卡开始在公共图书馆普及,这种证卡至今仍然是图书馆界普遍使用的证卡形式。它不再将复杂的用户信息记录在证卡表面,而是建立了读者信息数据库,通过磁条卡上的读者卡号与数据库内的用户信息建立连接,用户在使用证卡时,刷卡验证用户证卡号及权限信息,即可获得所需的服务,操作简便,准确度高。

9.1.1.3 非接触型证卡

21 世纪初,随着无线射频技术的成熟,非接触型证卡随之出现。这种证卡既可以存储丰富的用户信息,又便于使用和管理,在信息存储量和读写速度上较之磁条型证卡都有较大的提高,很可能替代磁条型证卡,成为未来图书馆用户证卡的主要形式。目前非接触卡主要以高频近域证卡为主,这种非接触型卡主要是对刷卡方式进行了简化,但仍未能做到远距离无需刷卡的用户认证。

用户证卡根据用户类型的不同可分为个人读者卡、集体读者卡、少儿读者卡等。各馆根据馆情的不同,证卡的用户类型设置也不相同,通常不同类型的读者卡会使用不同样式或颜色的卡面以示区别。根据用户需求与馆(室)藏管理需求的不同,用户证卡可以设置不同的用户权限,如普通文献阅览权限、特藏文献阅览权限、外借权限等。

9.1.2 服务内容

证卡发放及管理工作内容包括:解答办证咨询、办理用户证卡、办理各类证卡的功能增减、办理证卡挂失及补办、个人密码恢复、证卡置停、完成统计工作等。

(1)解答办证咨询:要求工作人员熟悉办证规定,准确、耐心解答读者有证卡办理和使用的咨询,辅导读者正确办理和使用证卡。

(2)办理证卡:根据读者的需求和办证规定,规范办理各种读者卡。办理证卡时,要根据读者申请表录入读者信息,确保不漏项、所开通功能与所申请功能相符、读者图像清楚。检索读者信息,保证数据正确(尤其初次办卡时),避免重复办卡或标识分散。

(3)办理证卡的功能增减:办理增加功能时,需确保增加功能与所申请功能相符;办理减少功能时,须先审核读者证件、押金条等凭据,确保删除功能与所要求减少的功能相符。对于增加功能时收取的押金,需开具收据,收取的现金和各种收据一律当面点清。所收现金必须通过验钞仪的检测,发现钞票异常情况当面返还交款人。收据应加盖财务专用章、办卡当天日期章。

(4)办理挂失及补卡:办理读者卡的挂失时,要求检索读者数据正确、改变流通状态正确、备注清楚。办理补卡时,要求卡号替代正确、流通状态恢复正确、备注清楚。

(5)读者卡注册:办理注册时,需将读者卡所有功能的使用期全部顺延,不得漏项。

(6)个人密码恢复:凭读者本人身份证件,为遗忘个人密码的读者办理恢复初始状态的技术处理。

(7)证卡置停:根据读者的退卡要求,核对读者有效证件、凭条等凭据,办理证卡注销。对于因严重违反图书馆管理规定、破坏公共秩序的读者,根据相关管理办法,可对该读者证卡暂时置停。

(8)统计工作:认真做好日常工作统计和月报表统计,保证各统计项目填报齐全,统计数据真实、准确,按时上报。

各馆对于证卡办理及使用一般都有明确的规定,对于工作质量也有相应的规范和考核办法。以国家图书馆为例,证卡办理工作要求每日对办证数据进行总校,校对当日办证读者数据,数据错误率不超过0.1%;经数据总校后数据错误率不超过0.05%。

9.2 用户信息管理

用户信息是指用户在利用图书馆资源及服务时所产生的一切与用户有关的信息,如用户个人资料、到馆频次、借还记录、参考咨询记录、意见及意见记录等。用户信息管理则是指通过有效的管理与控制程序,使有价值的各种用户信息资源实现最佳利益的一种活动。用户信息管理的内容包括用户信息收集与整理、用户信息分析、用户信息保护等。

9.2.1 用户信息收集与整理

用户信息的收集可以通过用户证卡信息提取、借还数据提取、服务相关数据统计、用户调查问卷发放等方式完成。用户信息收集是用户信息管理的基础工作,是开展用户信息分析的直接依据,是用户信息管理的出发点。因此信息的真实性、准确性、完整性、时效性至关重要。

在现代图书馆管理中,用户信息的收集多是通过自动化管理系统实现的,建立统一完善的用户管理系统可以提高用户管理的智能化水平,保证用户信息管理的完整有序。这就要求公共图书馆在引入自动化系统时,对本馆的信息管理需求进行充分的分析与考量,保证数据的收集环境开放,具有激励性,以便于图书馆能够收集到足够且具有价值的信息。① 应尽可能全面地设计统计功能,并充分考虑到图书馆未来发展的需要。图书馆也可以通过搭建不同的分析管理系统来实现各类信息搜集的不同需求,运用系统注册用户信息,包括姓名、年龄、单位、身份等,建立起用户信息数据库,把零星分散的、无序的用户信息加以整合,使其统一、完整、有序,以实现用户查询、用户分析、数据统计、提供个性化服务等。② 例如,近年来,有些图书馆通过搭建网上参考咨询平台、建立参考咨询问答库等方式,实现对读者参考咨询行为的信息收集。在开展数值型用户信息收集的同时,也要注意对用户信息的质性分析,这种情况下,一定要结合访谈或座谈等目前较理想的信息收集方式,确保统计数据的可信度。

用户信息的整理主要是指图书馆将零散的用户信息按照一定的关键词进行整理,以方便检索和使用。目前用户信息整理也主要是通过功能完善的用户管理系统来实现的。用户管理系统应该具有对用户的分析能力、集成能力、与用户的互动渠道。它存储了读者的个人身份信息、联系方式、信息需求偏好等,可用于馆际互借、访问控制、参考咨询等业务。例如参考咨询以"学科组"为服务对象,进行专题跟踪与报道,利用系统以群发邮件的功能发送给广泛的用户,不仅大大扩展了服务对象而且提高了工作效率。③

9.2.2　用户信息保护

充分保护用户信息是用户信息管理的基本原则,也是图书馆员必须遵守的职业道德。在中国图书馆学会发布的《中国图书馆员职业道德准则(试行)》中就明确指出图书馆员要"维护读者权益,保守读者秘密"。

用户信息保护是指防止第三方获取图书馆用户的信息,以及当需

①　张卫群．图书馆用户信息行为研究综述[J]．图书馆学研究,2006(8)

②　吕俊生,杨金凤．网络环境下图书馆用户研究[J]．图书馆建设,2002(2)

③　陈冰云．图书馆用户管理系统初探[J]．图书馆论坛,2005(4)

要与第三方共享时,图书馆对用户信息的控制与保护。用户信息保护包括对个人信息的保护和对机构信息的保护。用户的个人信息属于个人隐私,机构信息有可能涉及商业秘密,均具有保密性,公共图书馆都应对其实施保护。① 图书馆用户的隐私性信息指的是读者的个人信息及读者在利用图书馆的过程中所产生的各种信息。具体来说,包括图书馆读者登记(注册)记录、图书借阅记录、馆际互借记录、参考咨询问题记录、计算机数据库查找记录、网络使用记录等,这些记录和信息均属于读者隐私。传统上,图书馆读者信息的隐私主要涉及读者在图书馆中利用图书馆资源和服务所产生的信息,其中主要是借阅记录和其他与读者有关的个人信息。但随着 Internet 在图书馆的广泛使用,隐私的范畴超出了图书馆的界限,还包括在图书馆利用馆外资源和服务所产生的信息,如访问过的网站、浏览过的网页、访问的时间等;在馆外利用图书馆资源和服务所产生的信息,如读者的 IP 地址、主机名、进入图书馆网站前所访问的那个网站地址等。图书馆保守读者的隐私性信息,要求图书馆将所有与读者有关的图书馆记录作为机密,防止第三方获取并控制利用。②

要做好用户信息保护,首先要求图书馆制定严格的信息保护政策与管理规定,充分考虑用户的要求,对个人信息、机构信息按规定实施保护。同时,对于用户的图书馆信息行为及服务记录也需实施保护,保护个人隐私及机构利益。

除了法律法规和行业政策保护外,图书馆同样需要制定内部政策,加强读者隐私保护。主要内容包括:(1)说明图书馆收集读者信息的目的。如开展业务工作、改进服务质量、分析图书馆资源的利用情况、产生统计数据、评价图书馆计算机系统的绩效等。(2)说明图书馆收集的读者网络信息的内容。如用户的 IP 地址、访问图书馆网站的

---

① 邱冠华,陈萍编. 公共图书馆管理实务[M]. 北京:北京师范大学出版社,2013

② 罗曼. 论图书馆用户的隐私保护[J]. 大学图书馆学报,2005(1)

时间、浏览的网页、执行的操作等。(3)说明图书馆保护读者隐私的范围。即图书馆对读者哪些隐私予以保护,如借阅记录、查找和检索到的信息、提出的参考咨询问题等。(4)说明披露读者隐私的条件。即在何种情况下,图书馆会向第三方披露记录或与第三方共享读者信息,如依照法律需要披露、违法犯罪调查、违反学校或图书馆政策等。①

要想真正做好用户信息保护工作,图书馆必须着力提高图书馆员的用户信息保护意识和能力,加强对员工职业道德的教育,增强其保密意识,做到不损害用户利益,维护其权益,保障图书馆充分发挥其教育职能;另一方面,图书馆也要加强对用户的宣传引导,提高用户自身的保护意识及能力。

近年来,随着网络服务的发展,图书馆在服务中用户信息的保护逐渐受到人们重视。网络环境下,用户信息的数字化使信息获取越发快捷、简单,用户对隐私泄露的危机感也相对强烈,因此做好用户网络信息的保护尤为重要。用户网络信息保护的工作除了要求图书馆制定严格的保护政策,对于网络安全的相关技术也提出了越来越高的要求,如何加密、存储、利用用户信息都依赖于安全有效的技术支持。

9.3 用户研究

为提高服务质量和效率,帮助图书馆针对不同用户群体提供有针对性的个性化服务,目前很多图书馆都将对用户进行研究作为图书馆的重要业务工作之一。根据 2009 年版《中国大百科全书》中对"读者研究"的定义,我们可以把"用户研究"定义为:图书馆针对用户群体的不同特点以及他们在文献利用过程中所反映出来的阅读心理、阅读需求、阅读行为等规律进行的研究。用户研究是开展用户服务的基础

---

① 李东来. 读者权益与图书馆服务研究[M]. 北京:国家图书馆出版社,2013

和前提,其最终目的是为了更好地开展用户服务,满足其不同的文献信息需求。

9.3.1 用户研究的主要内容

用户研究的内容不是单一的,它除了对图书馆用户自身信息进行分析研究外,还通常要对与用户相关的因素,比如文献信息资源、图书馆的设施设备、图书馆服务等结合起来。简单说,用户研究包括的内容主要有:

(1)对用户信息进行研究。对用户信息进行研究是用户研究的出发点和落脚点,是直接为图书馆开展其他一系列工作服务的。用户信息研究的前提是从大量的数据中提取有用的信息进而对这些用户信息进行分析和研究。这个信息可以是直接信息也可以是间接信息。直接信息是可以从数据中直接取得的,价值量较小,使用范围较小;而间接信息是经过加工获得的比较有价值的信息。图书馆需要对用户的信息包括交流、获取信息的习惯进行周密、细致、系统地观察和分析研究。最常见的是对用户的结构进行研究,即根据图书馆用户的不同年龄、性别、民族、知识背景、职业、收入水平、爱好与兴趣等进行总体的结构分析,目的是了解掌握用户群体的现状和规律特征及其发展变化的趋势,为做好读者服务工作提供可靠的依据。对用户信息进行研究的主要统计指标有:

①各类型读者比率是指某种特定类型读者占图书馆全部读者的比例。这个比例可以反映出图书馆的主要服务人群以及为此所制定服务政策的恰当与否。

②持证用户数是指图书馆所拥有的持有该馆证卡的用户总人数。[①] 随着数字图书馆技术的发展,虚拟证卡持卡用户也成为持证用

---

① 鲁黎明.图书馆服务理论与实践[M].北京:北京图书馆出版社(今国家图书馆出版社),2005

户数量统计的内容。虽然现在越来越多的图书馆对于公众开放时,凭借身份证等有效证件就可以享受到图书馆的绝大多数服务,但持证用户仍是公共图书馆用户的主体,因此持证用户数量仍然是用户信息分析的重要指标之一。

③接待用户数量是指在一定时间内,公共图书馆接待用户人次的多少,通常一个图书馆接待用户的数量越多,说明用户对它的需求度越高,图书馆服务情况也相对较好。接待用户数量由借阅用户接待量、虚拟用户接待量等多个分项指标构成。图书馆通过对不同服务项目的分类统计,可以较为全面地了解本馆的各项服务情况。

④用户到馆率是实际到馆用户数量占持证用户数量的比率,是反映公共图书馆服务受用户认可程度的一个重要指标,它反映了图书馆的服务面是否广泛、用户行为是否活跃。作为公益性文化服务机构,图书馆服务效益的好坏与到馆率直接相关,用户到馆率越高,说明图书馆服务效益越好。

(2)用户阅读心理研究。主要是运用心理学的原理和方法对用户在阅读过程中所反映出来的各种简单心理现象进行分析。阅读心理受用户的先天特性和社会条件等多种因素影响,因此形成不同的阅读需求、阅读动机、阅读兴趣、阅读情绪、阅读能力等。不同的阅读心理会直接影响用户的阅读倾向和阅读效果。

(3)阅读需求研究。用户阅读需求是指用户追求某种知识、信息或情报,从而产生的对文献的需求,它既可以反映出一个人的个性化需求,比如从事学习、工作、研究等专业性工作的职业需求,或者是在工作、学习之余,从个人的兴趣、爱好出发而产生的一种兴趣需求。同时也可以反映出一种社会特征,比如不同时期不同用户所体现出的共同的阅读倾向,就可以反映出强烈的时代特征。这种需求处于不断发展变化中,并呈现出复杂多样的状态。它在图书馆中主要体现在用户对馆藏文献、服务设备实施等方面的需求。

(4)用户阅读行为研究。不同的阅读需求会产生不同的阅读动机,从而产生不同的阅读行为。用户的阅读行为大致可以分为两类：一类是为特定目的而寻求某种知识或某种文献的行为,这种行为往往表现为利用图书馆的行为或文献检索行为;另一类是消化、吸收从文献中所得到的知识内容的行为,这种行为则表现为阅读行为。

除此之外,读者对服务项目的利用和评价,读者对馆藏文献的内容、类型、文种、时限的选择,对检索工具的使用,以及环境、设备的变化对读者阅读行为的影响等都是用户研究的重要内容。

9.3.2 用户研究的方法

图书馆用户研究法是图书馆学研究的一种经常使用的方法,它主要是为了掌握图书馆用户认识、利用图书馆的情况或者能力而使用的一种技术手段。

用户研究目前主要可以采用观察法、试验法、调查问卷法、访问法等数据收集方法,而且很多图书馆往往同时采用多种统计分析方法,定性和定量相结合,充分利用计算机作为辅助工具进行综合研究,保证分析结果客观准确并具有较强的指导作用。

（1）观察法是指通过馆员与用户的正面接触进行直观的观察,也可以通过与读者有联系的其他人或者利用特定的辅助工具进行观察并记录的过程。观察法比较直接,有助于图书馆研究人员真实、具体地了解用户的行为,缺点在于实际操作较难,研究人员很难做到仔细观察用户而不为用户所觉察。观察法也经常与实验法一同使用。

（2）实验法,可通过改变某些服务条件来观察、研究读者心理和行为的变化。实验法有时会结合调查问卷法一起使用,调查问卷在实验之前作为背景资料,实验之后用于调查用户行为过程的体验结果,满意度或者评价。这种方法比较直观,但实验时间较长,资料获取的难度较大。

（3）调查问卷法是最常见的一种用户调查方法。包括设计调查问卷,选定调查对象,通过邮寄、现场发放、电子发放或者将文件放到网上由用户自由填写等方式系统收集用户的基本状况、阅读活动及对图书馆的利用状况,并进行分析总结。调查问卷的主要内容一般分为个人基本的背景资料(包括性别、年龄、教育水平等)和文献信息需求两部分。调查问卷法比较注重问卷的格式特征以及样本的数量代表性,它一般能够得出样本统计特征的相关数据。

(4)访谈法是指通过直接访问,与读者进行面对面的交流和沟通,以此获得用户利用图书馆信息以及图书馆服务的规律性认识。访谈法注重研究的目的,访谈对象也是经过慎重选择的,一般都可能得出现象背后的定性数据,比如阅读行为产生的原因、形成的过程等。

(5)小组讨论法是指由图书馆工作人员根据研究目的,确定一定的人员条件之后,选取一定的人员参与到主题的自由讨论中,它同访谈法一样属于定性研究方法。小组讨论法有助于探索和发现那些人们很少了解的论题,它可以发现问题的新视点,[①]促进对问题的理解向更全面、更深刻、更透彻的方向发展。

通过上述基本方法,图书馆实现了对用户信息行为进行基础数据收集的目标,接下来便是通过收集用户的借阅记录、网页的浏览记录、馆藏的流通量、记录读者状况和行为的文字资料等来进行分析研究。传统上可以运用文献分析法、统计分析法、趋势分析法、关联分析法等在内的主要分析方法。

在上述传统的实证研究方法之外,目前也出现了一些用户研究的全新的理论方法,一是适用于数字图书馆虚拟用户研究的理论方法。虚拟用户通过网络和各种软件搜寻图书馆的可供电子资源,从而获取所需信息。其所需信息的类型、需求心理、获取方式等与传统用户有较大区别,所以传统的用户研究理论和方法不适用于虚拟用户。针对虚拟用户研究的需要,近年出现了适用于数字图书馆用户研究的理

---

① 曹梅,朱学芳. 用户信息行为的研究方法体系初探[J]. 情报理论与实践, 2010(1)

论,如 TMA 理论模型和认知信息检索理论。二是借用甚至发展了相关学科的理论,如传播学的"受众理论"、管理学的"客户关系管理"、SERVQUAL,开拓了用户研究的视野。尤其是引入 SERVQUAL 的概念并将其发展成为适用于图书馆的 LibQUAL$^+$,即用户的期望是开展优质服务的先决条件,也是衡量服务提供者表现的重要依据。通过此评价模式,可以获得用户对图书馆服务质量的评价,探明其存在的服务质量问题,并将其作为图书馆制定战略规划、改进和提高服务质量的指南,这与现阶段"以用户为中心"的图书馆服务理念相一致的。[①]

9.3.3 用户研究的主要步骤

用户研究大致可以分为以下几个步骤:[②]

(1)调查图书馆各个用户群体对图书馆的利用情况、需求程度及特点;

(2)建立了个人用户和集体用户的档案资料,以此作为用户研究的基础性资料;

(3)对文献流通、阅览、外借、参考咨询等用户服务情况进行直接观察、统计和分析;

(4)向用户邮寄征询意见单,直观了解用户的需求和意见;

(5)召开用户代表座谈会,与用户面对面交流,了解用户需求;

(6)对图书馆各项规划和服务进行案例研究;

(7)综合研究用户情况,揭示图书馆用户利用图书馆的一般规律;

(8)分类研究各类用户的特点、心理及文献需求;

(9)研究图书馆用户与文献信息资源、图书馆设施设备、图书馆服务手段、人员素质等相关因素的关系;

(10)研究社会发展与用户利用图书馆的关系。

---

①　王瑞玲.2000 年以来图书馆用户研究进展[J].图书馆学刊,2006(6)

②　黄宗忠.论图书馆学研究的专门方法[J].四川图书馆学报,1994(1)

当然,用户研究作为我们认识图书馆用户特征和利用规律的一种方法,这些步骤是相对的,是从一定程度上对用户研究进行一个由浅入深、由表及里的客观反映,实际上是用户研究的各种方法在实践中的具体运用。

9.4 用户服务评价

用户服务评价与反馈主要是指图书馆用户因为对图书馆的管理、设施设备、馆藏、服务等进行监督评价及反馈的行为,包括表扬、建议和意见等三种主要形式。

9.4.1 用户服务评价的分类

对于用户评价进行有效的分类,可以帮助图书馆针对不同性质的用户服务评价采取有针对性的措施和应对方法,揭示同类性质问题的共性进而去深入研究,把握其规律,促进图书馆工作的改进和提高。

(1)按评价的对象分类:包括对图书馆的硬件设施、馆藏文献资源、图书馆服务政策、工作人员服务礼仪、服务态度、文献流通服务流程等进行评价。

(2)按评价的来源渠道分类:包括正常评价及反馈,即指用户直接向一线服务人员进行反馈,由一线服务人员按照用户意见处理流程处理;直接反馈,是指用户越过一线服务人员直接向上级业务主管部门反馈,由上一级业务部门或人员按照处理流程处理;直接外部反馈,是指用户越过图书馆向外部机构,例如新闻媒体、网络、协会等反馈,由高层领导协调,用户服务部门协助处理。

(3)按评价反馈的有效性分类:包括有效的评价及反馈,即反馈事件确由图书馆自身原因造成,并且可以弥补或改正的;无效的评价及反馈,则是由于对图书馆的误会造成的,做好对用户的解释工作即可。

（4）按用户评价及反馈的心态分类：包括提意见和建议型，目的是希望改善服务，使阅读心理、阅读需求得到满足；或者是期望得到额外的补偿或照顾；当然也有一部分是由于自身要求没有得到满足而找麻烦的，这种现象在目前的图书馆服务工作中也在一定范围内存在。

（5）按用户评价及反馈的形式分类：书面反馈、口头反馈、电话反馈、网络反馈等。

9.4.2 用户服务评价处理流程

对于表扬性质的用户评价及反馈，图书馆除了对受到表扬的个人和集体给予一定的鼓励表彰之外，还要以受到表扬的具体事项作为服务政策、馆藏建设等调整的重要依据。在用户的评价及反馈中最重要的是对于用户建议，尤其是用户意见的处理。所谓用户意见是指用户因对图书馆的服务和管理不满而提出的书面或者口头上的异议、抗议或者要求解决问题等行为。一般性的用户意见不会导致公共媒体报道；重大的意见则有可能引起大量媒体报道，从而使图书馆的形象出现危机。及时处理用户意见，包括各种意见和建议是增强用户对图书馆的满意度和忠诚度的重要手段，是图书馆用户管理的重要内容之一。用户意见是图书馆最有价值的信息来源。

（1）意见的受理。接受用户的意见，联系用户，进行意见内容的确认，面对面的接受意见要注意倾听，比如通过对方的表情、非语言来揣测用户的真实想法。也可以通过用户在提意见时使用的文字语气或者电话里的声音来判断。另外，工作人员需要通过提出问题用以帮助用户理清自己的思路并准确描述自己的意见和建议，鼓励用户说出自己的期望以达到准确受理意见内容的目的。

（2）记录意见内容。详细记录用户提意见的原因，包括事情发生经过、当事人的姓名或职务、希望得到的结果等。

（3）判断意见问题。要对用户提出的问题进行确认，以明确用户意见。应判断用户意见的有效性，对不合理的问题应及时澄清，答复用户,以取得用户的谅解、消除误会。

（4）对权限内的意见和问题,应及时解决,并尽量满足用户要求。之后,将处理过程记录在案。对权限外不能立即解决的问题,应承诺问题解决时间并请用户等候回复通知,并将意见登记表上交。对一线人员上交的意见,用户服务主管应该及时处理并在用户服务承诺的时间内回复用户,提出解决办法。在意见登记表上填写处理结果和处理意见,签字后交回用户服务管理部门存档。对于权限之外、用户服务主管也无法解决的问题,应将用户意见处理单转给相关部门,比如采编部门,后勤部门等,并且协助相关部门尽快处理用户意见。

9.4.3 用户服务评价反馈和跟踪

对于已经处理后的用户意见单,工作人员、用户服务主管或者主管部门要进行事后的反馈和跟踪,对处理过程和结果进行核实确认,确保用户满意、工作人员处理得当。要实现这个目标主要是通过电话或邮件回访的方式来完成。对于很多用户反映的意见和建议,要分门别类进行分析研究。深层次地说,要将由于制度、政策等不能完全解决的问题进行调研并促进问题改进,确保得到用户的理解,促进问题向好的方向发展。最后要注意将所有文件进行存档,为今后问题的解决提供查找的依据。

9.4.4 用户服务评价处理技巧

如果一个读者的意见没有得到很好的处理,那么读者会将不愉快的经历转告亲朋好友和周围同事,会给图书馆的服务造成直接或潜在的负面影响。没有意见当然会是高兴愉快的,但一旦有意见,就需要我们认真对待。处理用户意见技巧,具体来说主要有:

（1）快速反应。读者认为服务有问题,或者急需一种文献,如果不能得到解决,读者就会不高兴。这时候要快速反应,记下他的问题,及时查询问题发生的原因,及时帮助读者解决问题。如果有的问题不能够马上解决,也要给读者一个限时的答复。另外,如果图书馆建立了读者意见处理资源库,将读者意见的问题进行汇总分析并记录解决方案,等再次遇到此类意见时,就可以直接从数据库里调出相关信息,提供解决问题的思路或者具体办法,意见就能得到快速的解决。

（2）热情接待,表示愿意提供帮助并让读者知晓。当读者正在关心所需文献是否能够得到时,服务人员应该体贴迅速地表示愿意提供帮助,让读者感到可以依赖,从而消除对立情绪。对于读者的不满,要能及时提出补救的方式,并且要明确地告诉读者,让读者感觉到你在为他着想,并且很重视他的感受。一个及时有效的补救措施,往往能让读者的不满化成感谢和满意。给读者采用什么样的补救措施、现在进展到哪一步,都要及时和读者进行沟通,目的是让读者了解你的工作,了解你为他付出的努力。因为读者很多时候一是关心问题能不能得到解决,其次是关心问题进展程度、需要多长时间可以解决。

（3）及时道歉。要成功处理意见,最重要的是要找到最合适的方式去与读者进行交流。很多一线服务人员都有这样的体会,读者在提意见时会表现得情绪非常激动、愤怒甚至破口大骂。这其实是一种发泄,把自己的怨气和不满发泄出来,读者不快的心情可以得到暂时的释放和缓解,从而维持了心理平衡。因为这时候,读者最需要的就是尊重和被重视,因此应及时表示道歉,并且视情况采取相应的措施。如果读者是在网络或者电话中进行意见投诉,那么工作人员比一线人员要更加懂得察言观色,要学会揣摩读者的真实心理,要从读者的文字语气去了解他的问题是什么。虽然有时候会在说道歉时感到不舒服,因为这似乎是承认自己有错误。其实,"对不起""抱歉"并不一定表明你或者图书馆犯了错,这只是表明你对读者不愉快的经历表示遗憾和同情,不用担心读者因为得到你的认同而越发强硬,认同只会将读者的情绪平复并引导读者的思绪,化解读者的不平甚至愤怒。当然,如果一线工作人员做了很多的努力和尝试,读者仍然出言不逊,甚至不尊重工作人员的人格时,工作人员有必要转而采用坚定、不卑不亢的态度给予对方一定限制,寻求保卫和其他支持。

(4)认真倾听。如果读者有意见,不要着急去辩解,应该认真听清楚读者的问题所在,记录下读者的姓名、年龄、职业等基础信息。在倾听读者意见时,不但要听他所表达的内容,还要注意他的语调和音量,这样有助于了解读者背后的内在情绪,同时要通过与读者的沟通确保真正了解读者的需求,这是表明真诚的态度和对他的尊重。

(5)认同读者的感受,及时进行安抚和解释。当读者在意见时表现出烦躁、失望、泄气、愤怒等各种情绪时,不应当把这些表现理解为对你个人的不满。因为愤怒的情绪通常都会在潜意识中通过一个载体来发泄,读者仅仅是把你当成了发泄对象而已。当遭遇读者的谩骂和人身攻击时,一定要保持平常心。因为一是这样的读者其实很少,要用耐心和温和的语言和读者解释,不要用强硬的语言和读者拼个高下,最终导致自己不愉快,读者也不满意。二是不妨站在读者的角度想一想,选择性地把读者不堪入耳的话删掉,留意关键字眼,了解读者到底哪里不满意。无论读者是否永远是对的,但他的情绪与要求是真实的,工作人员只有与读者的世界保持同步,才有可能了解他的问题,找到最合适的方式与他交流,为最终解决问题奠定基础。

另外,对于重大的意见,要注意化解读者激动的情绪,工作人员本身要控制好音调,要确保声音清晰传递并且语气亲切、平和;另外,从心理学角度上讲,在异性面前,人们更倾向于展示个性中积极的一面,比较容易消除心理戒备。所以对于男性读者,以女性工作人员为佳;反之亦然。如果读者与某一工作人员发生口角,则应该及时调换接待的工作人员,读者此时会在心理上有一种获胜感,有助于情绪舒缓,有利于意见的及时解决。尤其要注意社会公众的集体意见,避免造成公共形象危机。另外还要注意,在没有彻底了解读者意见的问题时,不要将问题反映、推诿到其他工作人员处,避免出现"车轱辘战",引起读者的反感情绪。

9.4.5　用户服务研究的主要统计指标

除了对用户信息进行基本分析之外,图书馆还应该对用户服务的

162

效率和效能进行基本的分析和研究,主要的分析指标包括读者借阅率、文献资源保障率、文献流通率、文献拒绝率等。不同类型的图书馆往往要针对本馆特定读者对象进行研究。

(1)读者借阅率是指全年借阅文献数量与借阅读者人数的比率,即每个读者全年平均借阅文献数。读者借阅率能够体现出读者利用图书馆的基本情况。图书馆可以通过创新服务手段、提高服务水平、改进服务方式等手段提高读者借阅率,促进公共资源的最佳利用。

(2)文献资源保障率是指图书馆提供读者使用的文献数量与图书馆拥有的读者数量的比率,即每个图书馆注册用户平均占有的馆藏数量。从大的方面来讲,文献资源保障率可以反映出一个国家图书馆事业发展的基本状况;对一个图书馆来说,文献资源保障率则能够反映出其规模和满足读者需求的潜在能力。在计算这个指标时,我们需要注意这个指标对于不同规模、类型、性质的图书馆有不同的标准;另外在数据的使用上,应注意馆藏质量,对于无法流通、不具有使用价值的馆藏文献不应计算在内。

(3)文献流通率是指文献流通数(实际被读者借阅、利用的文献数)与馆藏中提供流通的文献数的比率。文献流通率能够反映图书馆馆藏文献的利用情况和用户的阅读需求满足程度,是衡量馆藏文献质量和流通工作的重要尺度,也是用户研究的重要素材。文献流通率越高,说明图书馆的文献利用情况越好,用户的满足程度越高。图书馆需要通过调整馆藏文献结构、提高馆藏质量、加强文献剔旧工作、加强阅读指导、加大文献宣传揭示力度等方式提高文献流通率。

(4)文献拒绝率是指读者未能借到的文献数量占读者合理要求借阅文献数量的比率。文献拒绝率是检验图书馆整体业务工作水平的重要尺度,图书馆只有加强采访、编目、库房管理、文献流通等图书馆内部各个环节的工作质量和工作水平,才能够降低文献拒绝率,提升科学管理水平。

10　图书馆用户服务中的法律问题

10.1　图书馆与用户的法律关系

　　为用户提供服务是图书馆的法定义务,图书馆无权拒绝或剥夺读者合法利用图书馆资源的正当权利。在开展用户服务工作过程当中,图书馆作为提供服务的经营者与用户形成了消费关系。《消费者权益保护法》第二条规定:"消费者为生活需要购买、使用商品或者接受服务,其权益受本法的保护。"因此,作为消费者的用户在利用图书馆的过程中依法享有包括保障安全权、知悉真情权、求教获知权、维护尊严权、监督批评权、自主选择权,以及依法求偿权等法律权利。

　　用户服务中的民事法律关系主要是基于图书馆与读者的意思表示而形成的服务合同关系。在服务关系中,图书馆与读者互享权利,互相承担义务。图书馆与用户之间的服务与被服务关系是通过合同形成的民事法律关系,即民事合同关系。在这种关系中,二者的地位是平等的,其法律关系受民法通则、合同法和图书馆工作中的相关法律和规范调整,是民事合同关系。图书馆与读者根据服务合同享受权利,承担义务。

　　图书馆享有的权利主要有服务方式和手段的选择权、文献及服务设施的管理权、对违规读者进行处罚的建议权和获得合理报酬权等。承担的义务主要是:按约定提供服务,保证服务质量;提高文献资料采购质量,并妥善保管好文献资料;加强设备维护,保证读者正常使用等。读者享有的基本权利主要有文献资料和服务设施使用权、文献采购参与权、咨询权和知情权等。

10.2 用户管理中的法律问题

10.2.1 用户管理及纠纷解决

图书馆在开展读者服务工作时,既是经营服务的提供者,同时也是管理者,依法享有对图书馆资源、设备、场所以及读者进行组织管理的权利。对违反图书馆管理条例、规程、规章制度,破坏图书馆的财产,干扰图书馆正常工作秩序,影响他人合法、公平地利用图书馆的行为,图书馆可以给予适当的处理。

但这种处理并不意味着图书馆具有处罚权。根据我国已实施的图书馆的部门规章或地方法规的规定,图书馆与用户是平等的民事主体,对违章或污损文献资料的行为应适用《民法通则》《消费者权益保护法》及《合同法》的规定,图书馆应依法制定相应的赔偿标准,与读者双方通过协商、仲裁机构的裁决或法院的判决等途径解决问题。这意味着一旦发生损毁图书或其他违章行为,应定性为违约行为,图书馆可以依法要求用户进行赔偿和改正行为,这是基于图书馆和用户之间形成的消费关系,而非行政管理,图书馆的管理行为不是在行使处罚权。

此外,盗窃文献资料的行为轻者属违法行为,应由公安机关依《治安管理处罚条例》予以行政处罚,情节严重构成犯罪的,应依《刑法》的规定追究其刑事责任。图书馆的管理人员既没有处罚权也不能对用户进行人身上的限制,只能依法将违法(甚至犯罪)者扭送公安机关处置。

另外,图书馆负有维护其基本设施安全的义务,因此,在用户无过错的情况下,因基本设施(如玻璃、桌椅)致用户损伤,应向受害人进行合理赔偿。"有损害就有赔偿"是古老的侵权法原则,公共设施因设置、管理欠缺而致人损伤,受害人可以依照民法通则有关规定,向负责管理的国家企业、事业单位要求赔偿。

　　总而言之,图书馆与用户之间服务关系是一种民事法律关系,因此,适用于民事纠纷的解决方法,如协商解决、调解和诉讼等,同样适用于图书馆与用户之间服务关系中发生纠纷的解决。协商和调解,是解决图书馆与用户之间在服务过程中产生的纠纷的最好方式。它既有利于问题的全面解决,又有利于保持二者之间的良好关系,使服务与被服务关系得以维持。诉讼是在不得已的情况下才使用的一种解决纠纷的方法。它有利于纠纷的彻底解决,但不利于双方关系的保持,一般情况下最好不用。①

10.2.2　用户隐私权的保护

10.2.2.1　个人信息问题

　　用户在图书馆进行办证、借阅等私人活动中,通常会在服务流程或管理系统内留存个人信息与数据,这些与公共利益无关的信息与数据属个人隐私,应该得到尊重,在服务中应采取保护措施予以保密。1998 年《最高人民法院关于贯彻执行〈中华人民共和国民法通则若干意见〉》(试行) 第 140 条中规定:"以书面,口头等形式宣扬他人隐私……应当认定为侵犯公民的名誉权的行为。"由此可见,我国法律中使隐私权从属于名誉权。目前对隐私权较为一致的界定是:自然人所享有的一种不愿或不便他人获知或干涉的私人信息的支配和保护的人格权。

　　在这方面美国图书馆界的有关法规为我馆提供了有益的借鉴。美国图书馆协会《职业道德法》规定:"我们要保护每位图书馆用户具有的查找或接收、咨询、借阅、获取或传播信息资源的保密权。"《美国馆际互借法》(2001 年修改本)对申请馆和提供馆各增加了一个条款,

---

① 　王玉林. 图书馆与读者之间服务关系的法律性质及相关问题[J]. 中国图书
　　馆学报,2003(5)

即"4.2 申请馆负有为用户保密的责任"[①];"5.3 提供馆负有为用户保密的责任"[②]。图书馆在日常工作中应注意完善现有的服务规章制度,补充用户索书单、复印单及其他具有个人隐私的纸型记录的保管规定。网络服务中应采取技术措施提供的隐私保护管理,至少应包括隐私保护政策、隐私保护工具、隐私保护管理体系。正在开发的馆际互借、参考咨询等系统应具备这种功能。

10.2.2.2　摄像头问题

除了办卡办证之外,还有摄像头的问题。根据国务院颁布的娱乐场所管理条例等相关法规文件,有关部门借助实时图像加强对公共秩序的监控,因此,图书馆也可以安装摄像头便于管理。

通常来讲,图书馆为了更好地加强对图书资源、阅览秩序的管理,很多地方都装置有摄像头等安全设施。这些摄像头的合理使用,可以更好地监控和维护图书馆的图书及设施的安全。但是,如果使用不当,也可能会侵犯他人的隐私权。

所以安装摄像头应受到限制:安装监控设备应当按规定报批备案。并且,监控仅限于工作场所和工作时间,监控的内容仅限于与单位的经营活动有关,如单位的更衣室、卫生间、浴室等处不得设置,也就是说,并非所有的公共场所都可以安装公共安全图像系统。图书馆的监视系统是用于馆内防火、防盗等正当目的使用,但如果图书馆对读者的正常个人行为加以摄像,用于正当用途以外的目的,也应当认为是侵害了读者的隐私权。

我国目前对于这一方面的立法还比较笼统,因此没有具体的法律条文可以依照,但是我们应本着尊重用户隐私权的目的对用户进行合理的管理。

[①②]　丁根度. 试评《美国馆际互借法》(2001 年修订本)[J]. 大学图书馆学报,2003(4)

10.3　业务工作中的法律问题

10.3.1　文献采集中的法律问题

图书馆必须重视和保障文献采集的质量和水平。同时必须确保所采集文献的合法来源。非法出版物一旦流入图书馆,会对书目数据和图书馆声誉造成不良影响。

根据 1990 年 9 月 7 日第七届全国人民代表大会常务委员会第十五次会议通过,2001 年 10 月 27 日第九届全国人民代表大会常务委员会第二十四次会议《关于修改〈中华人民共和国著作权法〉的决定》所修订的《中华人民共和国著作权法》第四十七条规定,有下列行为属于侵权行为:

(一)未经著作权人许可,复制、发行、表演、放映、广播、汇编、通过信息网络向公众传播其作品的,本法另有规定的除外;

(二)出版他人享有专有出版权的图书的;

(三)未经表演者许可,复制、发行录有其表演的录音录像制品,或者通过信息网络向公众传播其表演的,本法另有规定的除外;

(四)未经录音录像制作者许可,复制、发行、通过信息网络向公众传播其制作的录音录像制品的,本法另有规定的除外;

(五)未经许可,播放或者复制广播、电视的,本法另有规定的除外;

……

(八)制作、出售假冒他人署名的作品的。

因此,在文献的采集过程中,必须根据以上各条款认真考察其版本的合法性,拒绝盗版作品或其他侵权作品流入国家总书库。

10.3.2　国际交换中的法律问题

国际交换不仅是开展国际文化交流的手段,也是获得各国政府出版物、学术研究机构的非卖品、绝版书和过刊补缺的重要途径。在国际交换过程中,对于所提供的交换对象应特别注意有关的法律问题。在进行国际文献交换时,要认识到利用有版权作品的复制品进行文献交换是被禁止的。因此,不能提供未经许可复制版权的作品,否则即侵犯了著作权人的权利。

此外,内部资料的交换必须遵守有关保密规定。1997 年国家新闻出版署发布《内部资料性出版物管理办法》,对内部资料界定为"在本系统、本行业、本单位内部,用于指导工作、交流信息的非卖性成册、折页或散页印刷品,不包括机关公文性的简报等信息资料"。同时它的第 6 条规定:"内部资料性出版物严格限定在本系统、本行业、本单位内部交流,不得……传播到境外。"因此,凡属上述内部资料范围的文献,不能用来作为国际交换的对象。

10.3.3 捐赠文献中的法律问题

图书馆在接收捐赠时,应遵守《中华人民共和国公益事业捐赠法》的相关规定,对受赠财产的使用、管理和处置,应特别注意其性质、目的和尊重捐赠人意愿。

图书馆可以依据《中华人民共和国公益事业捐赠法》的相关规定,与赠送者签订协议。尤其当赠送者赠送文献的数量达到一定规模,应考虑签订协议。对所赠文献日后作为国家财产的处置权力,文献的管理形式是集中管理,还是散入图书馆已有的馆藏体系,以及相对馆藏出现的复本书的处置,都应在协议中有所明确。

根据《中华人民共和国公益事业捐赠法》第二十一条规定:"捐赠人有权向受赠人查询捐赠财产的使用、管理情况,并提出意见和建议。对于捐赠人的查询,受赠人应当如实答复。"因此,图书馆在受赠文献的管理上,应对其下架、交换、调拨等做出妥善处置和管理,不得滥用、毁损赠文献。

根据《扶贫、慈善性捐赠物资免征进口税收暂行办法》和《中华人民共和国公益事业捐赠法》的相关规定,图书馆接受境外赠书的时候,依法享受免征进口关税和进口环节增值税的待遇。此外,接收境外赠书,可享受税收方面的优惠政策。

此外,还应注意受赠单位是得到了相应文献的所有权和馆方提供服务的使用权,著作权仍属于作者本人。特别是作者本人向图书馆赠书时尤其不可混淆权利的区别。图书馆只能在著作权法的范围内使用被赠文献,不得在未获得著作权人授权的情况下作为他用。

10.3.4 文献复制中的法律问题

复制是流传与保存文献的有效手段,但复制又是著作权人最重要的经济权利。但法律规定,图书馆为陈列与保存版本的复制,属于合理使用。《中华人民共和国著作权法》在第四节"权利的限制"之第二十二条中明确规定:"图书馆、档案馆、纪念馆、博物馆、美术馆等为陈列或者保存版本的需要,复制本馆收藏的作品。"

以国家图书馆为例,为建保存本库,国图陆续采用缩微及静电复印等手段复制了一批中文书刊,主要是新中国成立前和新中国成立初期的国内旧平装文献,这批文献的纸张正日趋老化。通过复制手段进行抢救文献、保存版本的行为,属于著作权法中合理使用范畴,因此这种复制完全是合法行为。此外,复制是国家图书馆的传统服务,目前,国家图书馆的复制服务除继续使用传统的静电复印、拍照还原外,还增加了图像扫描、打印、下载、软盘制作、光盘刻录等方式,不但涉及到馆用户服务,还涉及馆际互借、文献传递等远程的非到馆用户服务。

国际图联/联合国教科组织 2002 年确认:"版权法等与图书馆关系密切的法规,对公共图书馆尤为重要。这些法规经常接受修订和评估,图书馆专业人员必须紧密跟踪与各种文献载体相关的最新法规。图书馆专业人员还必须宣传和支持版权法,因为这些法规能保证创作者的权利和用户需求之间的平衡。"①

图书馆开展的复制,"一般是指以印刷、复印、翻录、翻拍等方式将作品制作一份或多份的行为,它一般不改变原作品的载体,或者不改变原作品的体现方式"②。网络环境下的复制涉及数字资源的制作、存储与传播。

我国《著作权法》规定,用户出于研究的目的,可以少量复制作品,但不得侵犯著作权人依法享有的其他权利,其中包括作者的复制权。复制权是作者享有的一项重要财产权,不管复制形式如何,都受著作权法保护,文献复制如不控制在"少量"的范围内,很容易构成对作者复制权的侵犯。如国家图书馆针对图书复制规定不允许整本书复制,只准复制全书的1/3。

"在图书馆服务范围内,著作权法中'合理使用'的概念可以更加通俗、明确地转述为'有限使用'。它是针对作品的使用者提出的,包含以下基本原则:①用户有限原则:即同时使用同一件作品的人数(并发用户数)应是有限的。②内容有限原则:即出于合理目的对一件作品进行复制在内容的篇幅上应是有限的。③技术有限原则:即对一件作品复制所采用的技术手段应是有限的。"③

如果可以满足上述一条或多条原则,可以认为用户的行为是合理使用,但需在工作人员可监管范围内进行。例如,为规避侵权的连带责任,目前国家图书馆规定在用户提出复制要求时,应采取以下措施:首先须督促用户填写复制申请单、签字承诺遵守著作权相关法律法规。将各类作品的复制数量控制在合理使用范围内。如针对图书复制:不允许整本书复制,只准复制全书的一部分;不予复制版权页和盖有我馆藏章页;随书光盘只允许刻录一份。针对期刊:每本期刊最多

①③　中国图书馆学会,上海市图书馆学会．国际图联/联合国教科文组织:公共图书馆服务发展指南[M]．上海:上海科学技术文献出版社,2002
②　李顺德．馆藏图书数字化所涉及的复制权保护问题[J]．国家图书馆学刊,2004(4)

只能复制其中一篇文章的一份,包括所附图表和摘要;不能再复制期刊中的广告、目录页或索引。针对会议录:会议录作为期刊处理,即可以复制其中的一篇会议论文。非连续出版的会议录可按图书处理。针对网络下载:通过网络的下载是复制行为,因此,对于网络环境下用户的下载复制国家图书馆应予监管,凡是符合国家图书馆对外签订协议的复制申请可以允许,未经允许的自行超量复制应通过技术手段被禁止。

10.4　信息服务中的法律问题

10.4.1　编制书目数据的法律问题

图书馆在日常工作中要对文献进行著录描述和分类等编目工作,这种文献组织工作在著作权领域中通常被视为汇编行为。根据《著作权法》第十四条规定:"汇编若干作品、作品的片段或者不构成作品的数据或者其他材料,对其内容的选择或者编排体现独创性的作品,为汇编作品,其著作权由汇编人享有,但行使著作权时,不得侵犯原作品的著作权。"

书目或书目数据的制作,是对文献的名称、著者、出版地、出版者和出版时间、装帧、版次等关于该文献外部特征的采集和客观记录,而非直接复制拷贝,不涉及著作权。而且,这种规范性的客观著录由于必定包含着著者、题名等项目,已充分体现了对作者人身权利的尊重。尽管有些书目或数据需要从文献中提取内容摘要,但《著作权法》在关于权利的限制的第二十二条第二款规定:"为介绍、评论某一作品或说明某一问题,在作品中适当引用他人已经发表的作品……可以不经著作权人许可,不向其支付报酬。"因此完全属于合理使用的行为。

同时,图书馆编制目录,开发书目数据库绝非有营利因素和商业性目的,而仅仅是为了实现图书馆对文献内容和外部特征的揭示、有序地组织文献和方便读者使用。对照《著作权法》)第十四条,决不会构成对作者作品的侵权。

　　无论图书馆目录还是书目数据,它们都是按一定的标准和特定的格式编制的,在编制过程中带有很强的业务性和技术性。图书馆为揭示馆藏、服务读者,无论是编制传统的目录,还是制作书目数据产品,都已构成智力创作作品,应获得著作权保护。因此,同其他汇编作品一样,图书馆对其本身所编制的书目和数据产品享有著作权。无论是图书馆自身在使用其他著作权人的数据库还是自己的数据库被套录时,都要注意著作权的保护问题。

10.4.2　编制二三次文献信息的合法性问题

　　以国家图书馆为例,其参考咨询基本以编制二次、三次文献为主。二次文献根据加工深度,可分为目录、文摘、索引、专题指南等种类,根据我国《著作权法》第二十二条第二款的规定,为介绍、评论某一作品或者说明某一问题,在作品中适当引用他人已经发表的作品属于合理使用。适当引用是指所引用的部分不属于作品的主要部分或实质部分,不损害被引用作品著作权人的利益。因此,利用文献外部特征编制目录、题录型书目数据或进行网络资源描述是合理的使用行为。但编制二次文献不能直接从享有著作权的国内外其他书目工具中摘取某一类或某一主题的书目数据作为自己的书目数据。如果利用他人文献中的原始文摘或摘编他人作品超过一定数量,即存在侵权风险。

　　编制专题报告、综述、述评、研究报告等三次文献,属于对一批相关文献的内容提炼和阐述,一般不会牵涉知识产权,但如果涉及对原作品进行改编、翻译、注释、整理等方式的加工,则受著作权法限制。在尊重在先著作权的前提下,图书馆成为汇编作品的二次著作权人,这时图书馆须注意应该如何保护自身的著作权。

10.5 数字化带来的侵权问题

10.5.1 虚拟参考咨询利用数字资源

虚拟参考咨询是图书馆利用现有的网络平台推出的一种参考咨询服务形式。即咨询员不受地域、时间的限制,在网上实时解答读者提出的问题,从而使读者能够及时得到问题的答案。主要负责解答读者在利用图书馆过程中产生的各种问题,内容涉及馆藏资源及其利用、文献查找途径及查找中遇到的问题、图书馆的各项服务与规则等,目的在于帮助读者更有效地利用图书馆。虚拟参考咨询在工作中会利用著作权人的相关著作,并形成二次文献、三次文献。根据《著作权法》和《著作权法实施条例》的相关规定,我们可以进行合理使用,但是在咨询工作中要控制产品所附作品的数量、发表状态、传播范围。图书馆员通过智能手段挖掘蕴涵在大量显性信息当中的隐性知识。挖掘隐性知识属于合理使用。但需要注意的是,不要侵犯著作权人的其他合法权益,如在参考文献中注明出处、尊重其精神权利等。因此,在虚拟参考咨询利用数字资源时,应尊重在先著作权人利益,同时注重保护自身作为汇编作品权利人的版权。同时,应将服务限定在为个人学习或研究的范围内;也可以在网站上刊登版权声明,作为以后抗辩的依据。

为开展个性化服务,图书馆要建立自己的知识元数据库。数字图书馆建设中合法建立的知识元数据库也是受著作权保护的作品,在提供给读者使用的时候同样要防止被滥用。

10.5.2 数据库建设中的法律问题

数字图书馆建设与服务中的数字信息有相当多一部分是以数据库的形式存在的。在众多数据库中,其中有相当部分是图书馆充分利用本单位现有文献资源和人力资源,投入资金自行开发的数据库,其中包括反映本单位优势与特点的特色数据库。需要注意的是,建库过程中对材料进行选取要尽量避免对他人数据库的实质性复制。其中,对于自己研制开发的,在材料的选取或编排上有独创性的数据库理应主张版权;对于在材料的选取或编排上虽没有独创性但投入了大量人力物力的数据库,则应寻求版权法之外的其他法律保护,如邻接权保护或反不正当竞争法保护,只是当数据本身属于受版权保护的作品或作品片段时,应尊重它们的在先版权。

因此,在数据库利用中应避免可能发生的侵权行为。制作多份打印件,尤其是所打印的材料包括受著作权保护的作品时,会构成侵权。将复制品提供给其使用目的不属于合理使用,或不符合其他相关的法定许可条款的用户,可能会造成侵权。提供汇编作品的片段,不应超过定购合同规定的特定的查询范围。未经权利人许可,不应将一个数据库的大部分内容输入另一个数据库中而进行下载或复制。

为了避免侵权风险,图书馆对超出合理使用范围的复制和存档使用,可以采取由数据库权利人提供著作权结算服务的方式进行。不过,该类服务都是有偿的,具体收费标准应由所使用的数据库、所需复制品的份数以及需要存取电子文档的人数决定。

10.6 对合理使用的探讨

我国著作权法第二十二条第一、二、六、八款关于合理使用的规定均涉及受著作权保护作品的使用和复制,摘录如下:

第二十二条 在下列情况下使用作品,可以不经著作权人许可,不向其支付报酬,但应当指明作者姓名、作品名称,并且不得侵犯著作权人依照本法享有的其他权利:

(一)为个人学习、研究或者欣赏,使用他人已经发表的作品;

（二）为介绍、评论某一作品或者说明某一问题，在作品中适当引用他人已经发表的作品；

……

（六）为学校课堂教学或者科学研究，翻译或者少量复制已经发表的作品，供教学或者科研人员使用，但不得出版发行；

……

（八）图书馆、档案馆、纪念馆、博物馆、美术馆等为陈列或者保存版本的需要，复制本馆收藏的作品；

……

理论上所称"合理使用"是指著作权人以外的人，在某些情况下使用他人的作品，也就是行使依法本属于著作权人有权行使的权利，可以不经著作权人许可，不向其支付报酬，但应当指明作者姓名、作品名称，并且不得侵犯著作权人依照本法享有的其他权利，即在法律规定的范围内著作权中的财产权与作者分离。严格地讲，这些情况已构成了对著作权人的侵犯，只是因为出于对社会公众利益的考虑，以及这些行为在一定的技术发展水平的背景下对著作权人的利益损害不大，法律上不认为是侵权行为。合理使用实质上是对著作财产权进行限制，是著作权法中为平衡著作权人个体利益与社会公共利益而创设的一种制度，并已成为当今世界各国著作权立法通行的一项重要法律制度。

由于我国尚未制定公共图书馆法，近年来，图书馆界许多人士引用《中华人民共和国著作权法》（以下简称《著作权法》）第二十二条有关"合理使用"的规定，理所当然地认为图书馆不经作者同意、不向作者付酬，就能够向任何读者提供借阅、复制和录制图书及音像制品等服务，只要这些读者的目的是为个人学习、研究、欣赏和适当引用。这种观点其实是对"合理使用"条款的一种误解。实际上，不但在我国《著作权法》找不到明确依据，甚至在国际版权公约和大多数国家的版权法中，也均未确认公共借阅服务属于"合理使用"行为。

如美国著作权法规定允许用户制作一份作品的一份复制品。其条件是：不以营利为目的；图书馆必须向公众开放；在复制品上加注著作权标记。此外，还允许图书馆和档案馆为保存和替代的需要，制作一份作品的摹真复制品。其条件是，经过努力无法以合理的价格从市场上购买替代品。

俄罗斯著作权法规定允许图书馆、档案馆为维护、替换遗失或损坏的作品复制作品；允许图书馆、档案馆根据自然人的需求为教学研究之用，复制文集、报刊发表的单篇文章和小篇幅作品以及文学作品的短小片断。

英国著作权法关于图书馆和档案馆的例外条款允许图书馆进行以下复制：复制期刊论文和已出版作品的部分内容；向其他图书馆提供复制品；制作作品的替代复制品；制作用于输出的具有文化和历史意义的论文复制品。[①]

目前，很多人认为图书馆可以不经作者同意不向作者付酬，就能够向以学习、研究、欣赏等为目的的任何读者提供复制和录制书刊及音像制品。但是也有一些学者持相反观点，认为图书馆只能为保存版本或陈列而复制一份，而且必须是本馆的馆藏。

可见，这两种观点都有所偏颇，前者损害了著作权人的利益，而后者则在重视著作权人利益的主旨下不利于公众利益，从而会阻碍图书馆事业的发展。

因此，在图书馆服务范围内，著作权法中"合理使用"的概念可以更加通俗、明确地转述为"有限使用"。"它是针对作品的使用者提出的，包含以下基本原则。（1）用户有限原则：即同时使用同一件作品的人数（并发用户数）应是有限的。（2）内容有限原则：即出于合理目的对一件作品进行复制在内容的篇幅上应是有限的。（3）技术有限原则：即对一件作品复制所采用的技术手段应是有限的。"

---

① 陈希南，修永辉. 图书馆复制与著作权合理使用问题研究[J]. 情报杂志，2010 (3)

参考文献

1. 汪东波. 公共图书馆概论[M]. 北京:国家图书馆出版社,2012

2. 于良芝,等. 公共图书馆基本原理[M]. 北京:北京师范大学出版社,2012

3. 鲁黎明. 图书馆服务理论与实践[M]. 北京:北京图书馆出版社(今国家图书馆出版社),2005

4. 束漫. 公共图书馆服务研究[M]. 北京:国家图书馆出版社,2009

5. 尚海永,周进良. 《公共图书馆宣言》之人文精神阐释[J]. 图书馆建设, 2006(3)

6. 范并思. 现代图书馆理念的艰难重建——写在《图书馆服务宣言》发布之际[J]. 中国图书馆学报,2008(6)

7. 吴建中,胡越,黄宗忠. 《图书馆服务宣言》专家笔谈[J]. 中国图书馆学报, 2008(6)

8. 王世伟. 《公共图书馆服务规范》的编制及其特点论略[J]. 国家图书馆学刊,2012(2)

9. 王世伟. 关于《公共图书馆服务规范》编制的若干问题[J]. 中国图书馆学报,2011(3)

10. 邵康庆. 21 世纪公共图书馆以人为本的管理[J]. 重庆图情研究,2004(4)

11. 孙蓓,束漫. 图书馆服务标准到指南的变化——基于国外发展历程的研究[J]. 图书馆杂志,2012(12)

12. 杨明,等. 客户服务与管理[M]. 高等教育出版社,2013

13. 游丽华. 图书馆用户教育[M]. 北京:中国社会科学出版社,2008

14. 任俊梅. 公共图书馆视听文献服务工作的几点思考——以天津图书馆为例[J]. 图书馆工作与研究,2011(10)

15. 赵哲明. 图书馆流通环节的读者隐私权保护问题研究[J]. 科技情报开发与经济,2013(23)

16. 张皖. 浅谈图书馆视听资料的服务与利用[J]. 山东图书馆学刊,2012(2)

17. 黄俊贵. 公共图书馆的服务原则与其实践[J]. 中国图书馆学报,2006(6)

18. 程亚男. 公共图书馆建设与服务的基本原则解读[J]. 图书馆理论与实践, 2011(5)